LES

CINQ FRANCS

D'UN

BOURGEOIS DE PARIS

COMÉDIE-VAUDEVILLE EN CINQ ACTES

PAR

MM. DUNAN-MOUSSEUX & JULES PÉLISSIÉ

Représentée pour la première fois à Paris,
sur le théâtre des FOLIES-DRAMATIQUES, le 26 février 1866.

PARIS
E. DENTU, ÉDITEUR
LIBRAIRE DE LA SOCIÉTÉ DES GENS DE LETTRES
PALAIS ROYAL, 17 ET 19, GALERIE D'ORLÉANS

1866

PERSONNAGES

DUHAMEL, négociant	MM.	MILHER.
EDMOND DUHAMEL, son neveu, commis		{ CAMILLE MICHEL. { PAUL GIÉNET.
FERNAND, commis		L. DEPY.
EDOUARD, commis		LAFERTÉ.
BOBIN, garçon de magasin		CHAUDESAIGUES.
STANISLAS		L. GÉRAUD.
ROUSSEL, négociant et ami de M. Duhamel		L. NANSOT.
GOUBAULT négociant et ami de M. Duhamel		JÉAULT.
CAGNARD, négociant et ami de M. Duhamel		NEVEU.
BOUTURE, teneur de livres		BERNAY.
MADAME DUHAMEL	Mmes	A. LEGROS.
EUGENIE DUHAMEL, sa fille		JULIETTE.
FRANCINE, (1er rôle de genre)		MINELLI.
CLARA, modiste		ANGÈLE LEGRAND.
ZOÉ, modiste		MARIETTE.
PAQUITTA, modiste		ELISA.
MIMI, modiste		THÉVENIN.
JULIA, femme de chambre de Francine		CHARLOTTE BARDY.

Masques, danseurs, danseuses en costume de carnaval.

TITRES DE CHAQUE ACTE

POUR L'AFFICHE.

1er Acte. — Fermé pour cause de mariage.
2e. Acte. — Divisés pour s'unir.
3e. Acte. — Qu'y s'y frotte s'y pique.
4e. Acte. — Le Merlan Séducteur.
5e. Acte. — Qui casse les verres les paie.

LES CINQ FRANCS

D'UN

BOURGEOIS DE PARIS

ACTE PREMIER

Le théâtre représente un magasin d'aspect moderne, avec devanture en glace au fond; comptoirs à droite et à gauche; au 1er plan (droite), un bureau élevé sur une estrade où se place le commis aux écritures. Au 1er plan, (gauche), un petit bureau formé par un grillage avec guichet du côté de la scène; au fond à droite, portes des appartements; au fond, à gauche, un large escalier praticable, conduisant aux magasins de l'entresol; une chaise près du comptoir du fond, à droite; une autre chaises et un petit tabouret près du bureau de Bouture; trois chaise dans le bureau de Duhamel à gauche 1er plan; Çà et là, adaptés aux murs, des rayons remplis de soieries en pièces; devant les glaces de la devanture quelques coupons exposés en manière d'étalage.

SCÈNE PREMIÈRE

EDMOND, FERNAND, ÉDOUARD, BOUTURE.

Edmond est au bureau de gauche, Fernand et Édouard sont placés chacun derrière un comptoir, Bouture, au pupitre, écrit sur un énorme registre.

CHOEUR.

Air : *Ah! qu'il est doux de ne rien faire.*

Travailler toute la journée!
Ne vaudrait-il pas mieux hélas!
Faire la grasse matinée
Que se croiser ici les bras! (*bis*).

(Tous sont à demi couchés sur les comptoirs dans une attitude nonchalante.)

BOUTURE.

Messieurs, si ma balance est juste, la maison de la *Ville de Tours*, à laquelle nous avons l'honneur d'appartenir, a, dans la dernière année, réalisé 219,115 francs de bénéfices.

EDMOND, qui a quitté sa place.

C'est gentil.

FERNAND, descendant en scène.

C'est potable. Ah! messieurs... si j'avais 219,115 francs dans ma caisse, quelle vie! qu'elle noce! et quel bracelet délicieux, j'offrirais à Clara!...

ÉDOUARD, de même (1).

Heureusement pour elle qu'elle n'attend pas après ce bracelet-là, sans quoi, la chère enfant risquerait fort de s'en passer.

BOUTURE, qui écrit toujours.

Moi si j'avais 219,115 fr. à ma disposition, je paierais mon terme, je me donnerais de bonnnes chaussettes drapées pour me garantir du froid, et je remplacerais mon chapeau, qui s'en va de la poitrine.

EDMOND, passant près de Bouture.

Naïf et intéressant papa Bouture, espérez qu'un jour je deviendrai votre chef de file; je vous augmenterais, moi, si j'avais 219,115 francs, je paierais mes dettes qui s'élèvent à 16 ou 17,000 fr.

FERNAND, ÉDOUARD et BOUTURE.

Peste!

FERNAND.

Comme tu y vas!

EDMOND, reprenant le milieu (2).

Comme j'y allais, tu veux dire.

ÉDOUARD.

Comment as-tu pu rencontrer dans ta carrière de premier commis en soieries, un créancier assez confiant pour te faire un œil de 17,000 francs?...

BOUTURE.

Le fait est que c'est inexplicable.

EDMOND.

Rien n'est cependant plus simple. En ce temps là, je métamorphosais mon patrimoine en plaisirs insensés, en folles ivresses et en amours... fantastiques; quelque chose, comme

1. Edmond, Fernand, Édouard, Bouture.

2. Fernand, Edmond, Édouard, Bouture.

cent vingt mille livres, mes enfants!... ce que je dois encore n'est que le reliquat de mes comptes avec mes fournisseurs d'alors, c'est-à-dire qu'au moment de ma débâcle, mon passif était de 137,000 fr. et mon actif de 120,000 livres, comprenez-vous?

FERNAND.

Parfaitement : tu n'as pas su les tenir, tes livres!...

ÉDOUARD.

Les femmes sont si séduisantes!...

EDMOND.

AIR : *Des diamants.*

Dans un ardeur insatiable,
De la folie on suit la loi.
On croit le sac inépuisable
On jette l'or autour de soi; (*bis*).
Le proverbe dit : *l'or qu'on sème*
Ne rapporte rien ici-bas;
Quelle erreur!... je puis par moi-même
Vous prouvez le contraire, hélas!
Pour tous, la récolte est la même :
Des créanciers et des ingrats;
Semez de l'or, vous récoltez quand même
Des créanciers et des ingrats.

BOUTURE, qui réfléchit.

16,653 fr. d'Anglais à vos trousses quel cortège!... vous chagrinent-ils?...

EDMOND.

Sans aucun doute; ils n'ignorent pas que je suis ici chez mon oncle et qu'il est question de mariage entre sa fille et moi; comme ils sentent la place bonne, tous les deux ou trois jours, ils m'accablent de papiers timbrés de tous les genres, à telles enseignes, que j'en ai tapissé mon cabinet de toilette et mon antichambre, on dirait, un vrai musée judiciaire!

ÉDOUARD.

Bast!... quand tu épouseras mademoiselle Eugénie, son père terminera ce petit compte-là... il ne voudra pas que son neveu, doublé de son gendre et redoublé de son successeur, devienne un homme sérieux, sans avoir préalablement liquidé son passé de garçon.

EDMOND.

Tu t'abuses... mon oncle sait trop le prix de l'argent, il y tient trop, il est trop imbu de théories sur l'économie pour que j'espère rien de ce côté, et comme ma tante n'est pas moins parcimonieuse que lui, il ne faut pas que je compte plus sur l'une que sur l'autre.

FERNAND.

Alors, adieu tes espérances de mariage.

EDMOND.

Pas précisément, si je parviens à rendre ma petite cousine folle de moi, peut-être que...

ÉDOUARD.

Vous aimez-vous?

EDMOND.

Nous nous adorons.

BOUTURE.

Compris... les tourtereaux forceront la main des parents... cela se voit assez souvent.

(On entend, au dehors, la voix de Duhamel qui chante.)

FERNAND.

Messieurs, le patron, le patron!...

EDMOND, vivement.

A nos postes...

(Ils se replacent précipitamment.)

SCÈNE II

LES MÊMES, DUHAMEL, coiffé d'une toque de velours noir, gilet chamois, cravate blanche, pantalon gris perle, jaquette noire (1).

DUHAMEL.

Ah! ah! tous à l'œuvre; c'est très bien!... soldats, je suis content de vous!... (A Edmond.) Bonjour mon neveu...

(Il lui tend la main.)

EDMOND.

Bonjour, mon oncle... ma tante et ma chère cousine vont bien?...

1. Edmond, Duhamel, Fernand, Édouard, aux comptoirs, Bouturc, toujours à son bureau.

DUHAMEL.

Ta tante et ta chère cousine... mangent déjà; ta chère cousine surtout; elle a pris deux fois du chocolat et actuellement elle se délecte avec une tartine de beurre de soixante centimètres de longueur sur sept de largeur...

EDMOND.

C'est de son âge, mon oncle.

DUHAMEL.

Elle a bientôt seize ans et demi et à cet âge-là... je me souviens que j'étais déjà à mes croûtes, moi.

FERNAND.

Gare aux théories.

DUHAMEL.

J'ai quitté la chaumière paternelle par un beau matin du mois d'août 1820; j'avais entassé ma garde robe dans un foulard de coton bleu, ma mère m'avait préparé un morceau de pain bis qu'elle avait cuit la veille, j'étais chaussé de sabots neufs, habillé de défroques que mon père avait abandonnées; j'embrassai la digne femme, et je partis... une larme à l'œil, mon bâton sur l'épaule, l'envie de bien faire au cœur et trois francs dix sous dans ma poche.

FERNAND, tout bas, imitant Duhamel.

J'arrivai à Paris...

DUHAMEL, sans l'entendre.

J'arrivai à Paris, je m'y pris de telle façon qu'aujourd'hui, je suis deux fois millionnaire; je possède une maison dont la renommée passe les mers, je jouis de l'estime de mes concitoyens, je suis expert dans ma spécialité, près la justice de paix de mon arrondissement, je fais souvent mon cent de piquet avec M. le Maire et je ne serais pas étonné d'être bientôt élevé au grade de chef de bataillon dans la garde nationale...

ÉDOUARD, à part.

Et dire que tous les matins nous recommençons cette histoire là...

EDMOND.

Mon oncle, vous nous avez déjà honorés, plus d'une fois, ces messieurs et moi, de ce speach merveilleux.

DUHAMEL, sans l'entendre.

Se lever de bonne heure, se coucher de bonne heure, travailler dès l'aube, travailler toute la soirée, déjeuner à peu de frais, dîner de même, se garer des tentations, et la nuit dormir le plus vite possible pour ne pas perdre en sommeil un temps précieux qui ne se rattrape jamais...

FERNAND, bas l'imitant.

Tel est mon manuel, mon catéchisme.

DUHAMEL.

Tel est mon manuel, mon catéchisme... n'allez pas croire pour cela que je sois l'ennemi du plaisir (1)... jeune et fou, comme vous l'êtes, j'ai comme vous aimé à m'amuser et à rire... nous sommes tous du même sexe ici, n'est-ce pas?

FERNAND, à part (2).

Quelle question?

EDMOND.

Oui mon oncle...

DUHAMEL.

Bon... eh bien... moi aussi, j'ai été pincé par l'amour, moi aussi, j'ai senti mon cœur palpiter pour ces jeunes chimères, que l'illusion nous fait voir toutes roses quand elles sont réellement jaunes et tendres quand elles sont positivement coriaces... ah!... j'ai bien souffert de l'âme, quand j'avais vingt-ans... seulement j'ai toujours procédé avec ordre et économie, en matière de sentiment comme en sacrifices financiers, ainsi, je n'ai jamais aimé mademoiselle Clarinette plus que je ne pouvais le faire, sans escompter l'avenir, et quand, elle me demandait une robe, je l'achetais en la payant à raison d'un mètre par mois, pour ne pas trop grever mon petit budget du même coup...

EDMOND (3).

C'était ingénieux.

DUHAMEL, qui sort un porte-cigares de sa poche, en tire un londrès qu'il fume après avoir ressorré son porte-cigares (4).

Il est encore de bonne heure, notre clientèle n'arrive pas

1. Fernand et Édouard, descendent en scène.
2. Fernand, Edmond, Duhamel, Édouard, Bouture.
3. Edouard et Fernand remontent.
4. Duhamel, Edmond, Fernand, Édouard.

aussitôt, je puis en risquer un... (A Edmond.) Croirais-tu que jusqu'à vingt-cinq ans, je n'ai jamais bu un verre de bon vin, et n'ai jamais fait un bon dîner sans qu'ils m'aient été offerts, par de braves garçons que je rencontre aujourd'hui sans position et sans le sou... des paniers percés comme on dit, aussi cela me fend le cœur, et quand je les aperçois sur un trottoir, je gagne bien vite l'autre pour ne pas trop m'apitoyer sur leur situation.

EDMOND.

C'est qu'aussi vous avez le cœur trop sensible, mon oncle.

DUHAMEL.

Ça c'est vrai. Pauvres diables, s'ils avaient calculé comme je l'ai fait, s'ils s'étaient abstenus de...

EDMOND.

De vous offrir les bons dîners que vous avez faits à leurs dépens...

DUHAMEL.

Parbleu!... aujourd'hui je les verrais avec plaisir, j'irais même au devant d'eux... mais.... le monde est ainsi fait, et je n'y puis rien...

EDMOND.

Cependant, mon oncle (1).

DUHAMEL.

Cependant... cependant, tu ne réformeras pas nos mœurs. Enfin, un jour est venu où j'ai pu ouvrir ma bourse à la bombance et à la folie (2), seulement, toujours avec ordre, avec calcul, avec économie; ainsi j'ai accepté toutes les parties, mais avec cette condition que je saurais où j'allais, que ma part serait déterminée d'avance, et ne dépasserait jamais une certaine somme, c'est-à-dire, cinq francs!

EDMOND.

Mais quand le chiffre de la dépense l'exigeait, vous ajoutiez le surplus, j'aime à croire.

DUHAMEL.

Jamais!... les bons comptes font les bons amis; avec mon système, j'avais fait mon prix d'avance, s'il était dépassé,

1. Fernand et Édouard redescendent.
2. Edmond, Duhamel, Fernand, Édouard.

tant pis pour les autres, ils étaient obligés d'ajouter de leurs propres deniers à mes cinq francs, et aujourd'hui encore, quand je veux faire une partie de plaisir, je fais d'abord mon prix, et jamais, jamais, il ne dépasse cent sous.

EDMOND.

Même quand vous vous amusez en compagnie de ma tante?...

DUHAMEL.

Tu dis des bêtises; est-ce qu'il existe un mari qui s'amuse en compagnie de sa femme, ça ne s'est jamais vu; je me résume, donc : soyons économes et rangés jusque dans nos folies, réglons notre plaisir à forfait et adoptons la devise de notre siècle intelligent : rien pour les autres, tout pour soi!

ÉDOUARD, à part.

Quels principes!... tout pour soi!... après ça, dans la soierie! (1)...

EDMOND.

Mon oncle, je viens d'apercevoir dans votre porte-cigares... cinq ou six londrès d'assez belle mine, voulez-vous, m'en offrir un?... je le fumerai avec plaisir après le déjeuner.

DUHAMEL, qui prend son porte-cigares et le présente ouvert à Edmond.

Prends.

EDMOND.

Des petits bayonne d'un sou!

DUHAMEL.

Je n'en fume jamais d'autres.

EDMOND, étonné.

Pourtant, mon oncle, celui que vous avez à la bouche, et ceux que j'ai vus dans cet étui il n'y a qu'un instant, étaient des londrès magnifiques.

DUHAMEL.

Je t'attendais là... Écoutez celle-ci vous autres (2)... C'est au porte-cigares que l'on reconnaît l'homme... voici mes petits bayonne, n'est-ce pas?... (Il ouvre son porte-cigares dans l'autre sens) voici mes londrès.

1. Fernand et Édouard remontent en riant.

2. Édouard et Fernand se rapprochent. — Edmond, Duhamel, Fernand, Édouard.

FERNAND.

C'est un porte-cigares à truc.

DUHAMEL.

Un ami vient me voir, nous causons; je lui offre des cigares en lui présentant les petits bayonne; pendant qu'il fait tous ses efforts pour en tirer une exécrable fumée qui le saisit à la gorge, je retourne rapidement cet étui et je m'offre un délicieux londrès, nous reprenons avec chaleur la conversation où nous l'avions laissée et...

EDMOND.

Vous avez fait encore une économie!...

DUHAMEL.

Capitale celle-là... puisqu'elle me sauve vingt centimes par cigare donné... et comme en moyenne j'en offre deux par jour, c'est un bénéfice quotidien de quarante centimes que me vaut mon système.

ÉDOUARD.

Quelle combinaison!

DUHAMEL.

Eh! messieurs, 40 centimes par jour font 12 francs par mois; 144 francs par année... jugez un peu de l'importance de l'opération. En douze ans, j'économise, 1,728 francs, ajoutez-y l'intérêt à 6 pour cent, et vous trouverez par annuité, 103 fr. 68 c., ce sera donc un total de 1,831 fr. 68 c., que je verrai se doubler en quatorze ans à savoir, 3,663 fr. 36 c. qui ne devront rien à personne et qui viendront agréablement se joindre à ma fortune; qu'en dites-vous?

BOUTURE, est descendu de son bureau (1).

Monsieur, vous n'avez pas votre égal, vos calculs sont si ingénieux que je ne puis que vous admirer avec ébahissement... j'ai fini ma besogne, votre balance est exacte, vos livres sont à jour... si vous n'avez aucun ordre nouveau à me donner, je vais de ce pas chez M. Cagnard et compagnie, vous ne me reverrez que jeudi prochain.

DUHAMEL.

Allez... allez.. mon cher Bouture, et n'oubliez pas que je

1. Edmond, Duhamel, Bouture, Fernand, Édouard.

suis très-content de vos services. (Bouture s'éloigne.) A propos, messieurs, revenez donc un peu ici (1)... Monsieur Bouture que vous voyez et que vous estimez tous, comme je l'estime moi-même, est encore une preuve vivante de mes calculs économiques... faites votre profit de cette théorie... je lui alloue 2,400 francs par an, pour tenir mes livres... ci 200 francs par mois, il n'a chez moi que trois heures de travail par jour, ci quatre vingt dix heures par mois qu'il me donne à sa guise, pourvu toutefois qu'il ne soit jamais en retard dans ses écritures. Eh! bien... qu'ai-je fait du temps loisible de M. Bouture?... je l'ai sous-loué à quatre de mes confrères, chez lesquels il tient également les livres, contre 50 francs que chacun d'eux me remet mensuellement, ce qui me permet de l'occuper gratis-proDeo, tout en lui payant de superbes appointements.

BOUTURE.

C'est encore vrai, monsieur (Il salue.) A jeudi donc...

(Il va sortir quand Clara entre, il la salue et sort.)

SCÈNE III

EDMOND, ÉDOUARD, FERNAND, DUHAMEL, CLARA.

DUHAMEL, qui fume toujours est resté sur le devant du théâtre, il dit au public.

Ils doivent être stupéfaits de mon génie.

CLARA, entrant.

La *Ville de Tours*... je vous prie (2)?

ÉDOUARD et FERNAND, à part.

Clara!

CLARA, allant à Duhamel.

C'est bien ici la *Ville de Tours*, monsieur?

DUHAMEL, retirant son cigare de sa bouche avec embarras.

Oh pardon, pardon, madame, (il va éteindre son cigare) je suis vraiment confus...

1. Edmond, Bouture, Duhamel, Fernand, Édouard.
2. Edmond, Duhamel, Clara, Fernand, Édouard.

CLARA.

Qu'allez-vous faire?... gâter ce cigare en l'éteignant, je ne le souffrirai pas... ce serait un meurtre... d'autant mieux qu'il embaume... comme s'il sortait de chez Lubin.

DUHAMEL, qui rit.

Ah! charmant, charmant...

(Il se décoiffe.)

CLARA.

Restez couvert, je vous prie, il y a du brouillard, vous vous enrhumeriez... et la *Ville de Tours* ne serait pas contente.

DUHAMEL, à part.

Elle est très-gaie.

CLARA.

Monsieur, je veux me donner cinq ou six robes et je viens chez vous pour les choisir.

DUHAMEL.

Parfaitement, madame; est-ce dans les nuances unies, ou de fantaisie, que madame veut promener ses regards?...

CLARA.

Promener mes regards, est drôle... vous êtes drôle, vous... je voudrais parcourir de l'œil les soieries du dernier chic.

DUHAMEL.

Articles hors ligne... Monsieur Fernand, voyez, madame (1).

FERNAND, bas à Clara.

Vous avez une audace!...

DUHAMEL, présentant un petit banc à Clara.

Si madame veut s'installer (2).

CLARA.

M'installer, est encore bon, est-ce que c'est vous la *Ville de Tours* en personne, monsieur.

DUHAMEL.

J'ai cet honneur... oui, madame..

CLARA.

Je vous félicite; jusqu'à présent, Tours, à ma connaissance, n'avait de remarquable que la supériorité de ses pruneaux,

1. Clara remonte au comptoir du fond à droite.
2. Clara assise, Fernand, Édouard au comptoir, Duhamel.

maintenant il aura de plus pour moi celle des hommes aimables et drôles... je ne l'oublierai pas...

DUHAMEL.

Madame est bien bonne. (A part.) Elle est à croquer. (Prenant le bras d'Edmond.) (1). Elle n'est pas mal... n'est-ce pas ?

EDMOND.

Je n'y ai pas encore fait attention, mon oncle, mais gageons que si elle désirait un cigare de votre étui, vous ne lui offririez pas un petit bayonne.

DUHAMEL.

Ne batifole pas... et écoute-moi. (Il lui prend le bras.) Mon ami, si je prêche aussi régulièrement les sages principes de la vie commerciale, ne crois pas que ce soit uniquement pour bavarder, car j'ai un but... un but qui t'est tout personnel.

EDMOND.

A moi ?

DUHAMEL.

N'aspires-tu pas à l'honneur de devenir mon gendre, et mon successeur ?

EDMOND.

Vous me l'avez fait espérer... mais ma tante...

DUHAMEL.

Deviens économe, rangé et même rat, s'il le faut, je me charge du reste. (Ils continuent de se parler bas.)

FERNAND, bas à Clara.

Mais comment nous absenter aujourd'hui ?... à une heure, cela ne se peut pas...

CLARA.

Mon cher, j'ai toujours entendu dire que rien n'est impossible à l'homme qui aime... Or, de deux choses l'une, ou vous m'aimez, et alors vous viendrez à tout prix, ou vous ne m'aimez pas, et on s'amusera sans vous.

DUHAMEL, qui s'est approché.

Madame trouve-t-elle nos produits de son goût ?

CLARA.

Peut-être; seulement, monsieur, je vous prie de ne pas in-

1. Edmond, Duhamel, Clara assise, Fernand, Édouard.

fluencer mon choix, laissez-moi aux prises, avec monsieur seul. (Elle désigne Fernand.) C'est déjà très-difficile, à moi, de lui résister.

EDMOND, à part.

Mais je connais cette voix-là. (Reconnaissant Clara, avec étonnement.) Clara!... Que vient-elle faire?...

DUHAMEL, revenant à Edmond.

Voilà une petite dame, qui achètera beaucoup de robes, j'en suis persuadé (1.)

EDMOND, à part.

Compte là-dessus.

CLARA, bas à Edouard.

Decidez Fernand, et vous-même ne manquez pas de venir... emmenez aussi Edmond, plus on sera de fous, plus on rira.

FERNAND.

Que faire?

CLARA.

Voici une invitation que je vous avais préparée, pour le cas où je n'aurais pu vous parler. (Elle remet une lettre pliée à Fernand.) Je l'ai écrite tout à l'heure chez ma modiste, tâchez de pouvoir lire... à tantôt, je me sauve...

FERNAND.

On tâchera.

CLARA.

On tâchera, ne suffit pas, il faut me promettre, et tenir, mon cher, quand une petite femme comme moi vous fait l'honneur de désirer votre compagnie, on tâchera est fade!... Dites: on y sera... Est-ce convenu?... Oui... très-bien. (Allant à Duhamel.) Monsieur, c'est dit... je ne vous achète rien...

DUHAMEL, surpris (2.)

Oh!... et pourquoi donc, madame?...

CLARA, bas à Edmond.

Vous allez bien?... (Haut.) Ma couturière que j'amènerai demain me donnera son avis... avant que je fixe mon choix.

1. Duhamel, Edmond, Clara, Fernand, Édouard.
2. Duhamel, Clara, Edmond, Fernand, Édouard, toujours au fond.

DUHAMEL, qui va près de Fernand.

Comment, monsieur Fernand, vous n'avez pas su décider madame?

CLARA, bas à Edmond et très-vite (1.)

Il y a une grande noce aujourd'hui à la Maison-d'Or, nous serons beaucoup de femmes charmantes, Francine l'actrice en sera... on compte sur vous, y viendrez-vous ?...

EDMOND, de même.

Est-ce possible ?

CLARA, de même.

Allons, vite... viendrez-vous, oui, ou non ?

EDMOND, de même.

Je tâcherai.

DUHAMEL, revenant (2.)

Alors, madame, je vous en prie, gardez-nous un bon souvenir.

CLARA.

N'ayez crainte... vous êtes gravé là, monsieur. (Elle montre son cœur.)

ENSEMBLE DE SORTIE.

CLARA.

J'ai vu ce que je voulais voir,
J'ai dit ce que je voulais dire,
Souffrez donc que je me retire
Jusqu'à l'honneur de vous revoir.

LES AUTRES.

Nous conservons un doux espoir
Que votre grâce seule inspire,
Est-il besoin de vous le dire.
Madame, c'est de vous revoir.

(Elle sort par le fond.)

SCÈNE IV

LES MÊMES, moins CLARA.

DUHAMEL (3.)

Si je me connais encore en femmes, celle-ci a trouvé les

1. Clara, Edmond. Duhamel, Fernand, Édouard.
2. Clara, Duhamel, Edmond, Fernand, Édouard.
3. Duhamel, Edmond, Fernand, Édouard.

soieries qu'elle a rêvées ; maintenant qu'elle sait où les prendre, elle va s'arranger de façon à se les faire offrir par un adorateur auquel elle dira, de sa voix la plus tendre et en lui présentant ma facture, mon ami, je vous aime... et c'est pour vous paraître plus belle encore, et pour vous plaire davantage que j'ai fait cette emplette que je vous prie de vouloir acquitter... (A Edmond.) Est-ce cela ?

FERNAND, bas à Édouard.

Qu'en dis-tu ?

ÉDOUARD, de même.

Je cherche un moyen.

EDMOND, bas.

Le fait est qu'une petite partie assez animée viendrait bien à propos.

FERNAND, EDMOND, ÉDOUARD, chacun à part.

Comment donc faire ?

SCÈNE V

LES MÊMES, MADAME DUHAMEL, EUGÉNIE, BOBIN, venant du 2e plan à droite. Madame Duhamel et Eugénie sont en tenue de voyage, elles portent des petits sacs de nuit, en cuir noir. Bobin entre le dernier portant une valise d'assez fort volume.

DUHAMEL.

Ah !... ah !... vous voilà prêtes... (1).

MADAME DUHAMEL.

Je te prie de croire que ce n'a pas été sans peine, mademoiselle ta fille, ne voulait-elle pas que je l'habillasse d'une courroie de cuir et d'une parure d'acier... que je la coiffasse d'un chapeau de drôlesse avec des plumes d'autruche dessus, et que je lui achetasse des gants crispin... en un mot, que je la transformasse en caricature.

DUHAMEL.

Allons donc... est-ce que c'est vrai çà, ma mimie ?...

EUGÉNIE.

Mais papa, puisque le journal de modes que maman reçoit

1. Duhamel, madame Duhamel, Eugénie, Bobin au deuxième plan, Edmond, Fernand, Édouard, sont remontés au fond.

assure que c'est le cachet du jour ; il y a même un article qui dit qu'une demoiselle, qui n'a pas cette toilette-là, est ridicule.

DUHAMEL (1).

Il ne faut jamais croire les journaux, ils sont faits pour mentir, et quand, par hasard, ils disent une vérité, ils la démentent bien vite le lendemain, tu es très-belle comme te voilà...

MADAME DUHAMEL.

Mon ami, nous serons probablement de retour demain à cette heure-ci.

DUHAMEL.

Quand vous voudrez : puisque vous allez chez des amis et qu'il ne vous en coûtera rien, si la campagne vous sourit, malgré la saison, ne vous gênez pas... Ah ! dis-moi, vous allez prendre les troisièmes, n'est-ce pas ?...

EUGÉNIE.

Oh ! non, papa... les secondes c'est plus moelleux pour s'asseoir.

DUHAMEL.

Oui, sans doute, mais ça coûte six sous de plus, douze sous pour ta mère et toi, vingt-quatre sous pour l'aller et le retour. Si on arrivait plus vite encore !...

MADAME DUHAMEL.

Elle ne sait ce qu'elle veut...Tu n'as rien à dire à monsieur et madame Férouillat ?... ni à leur fils.

DUHAMEL.

Leur grand niais... non... ou plutôt si... dis leur que je vais bien, que je bois et mange comme quatre, ce qui augmente un peu nos frais de maison!.. embrasse-les, et serre la main de Férouillat, c'est un témoignage affectueux et ça ne coûte rien... allez... partez... (Il frappe trois coups dans ses mains.) Une, deux, trois !... (Ici, Édouard a disparu par l'escalier du fond avec Fernand.)

MADAME DUHAMEL, qui était un peu remontée, revient à son mari (2).

J'ai recommandé à Catherine de te faire une infusion de

1. Madame Duhamel, Duhamel, Eugénie.
2. Duhamel, madame Duhamel, Eugénie, Robin.

mauve, pour demain à ton réveil... il y a un pot-au-feu superbe, une barbue, des lentilles et une salade : ne mange pas trop... et mastique... je t'en prie... sans cela... ta gastriste me causera des inquiétudes.

EUGÉNIE.

Et à moi aussi, papa...

DUHAMEL, à part.

Elles sont vraiment bien aimantes, mais je voudrais les voir déjà parties. (Haut.) Rassurez-vous, je mastiquerai... je mastiquerai...

EUGÉNIE.

J'y pense, papa, si Bobin allait chercher une voiture.

DUHAMEL.

Bon, encore une idée de dépense...

MADAME DUHAMEL.

Et pourquoi, cette voiture, je vous prie?

EUGÉNIE.

Mais pour nous transporter au chemin de fer, maman.

BOBIN.

Faut-il, madame?

MADAME DUHAMEL.

Gardez-vous en bien, je vous la laisserais pour compte; nous allons au nord, l'omnibus qui passe ici près, s'y arrête... guettez l'omnibus...

(Bobin remonte à la porte du fond.)

EUGÉNIE.

Mais, maman, avec les sacs de nuit que nous portons et la valise que tient Bobin, on ne nous laissera jamais monter dedans.

DUHAMEL.

Ah!... cela pourrait bien être!...

MADAME DUHAMEL.

Vous êtes une prodigue et une dépensière, comme votre père, mademoiselle, je me charge de tout, nos deux sacs de nuit nous serviront de coussins et je placerai la valise qui vous effraie sur les genoux du premier monsieur complaisant, qui sera auprès de moi, cela se fait tous les jours...

1. Edmond, Duhamel, madame Duhamel et Eugénie.

DUHAMEL.

Elle a peut-être raison.

MADAME DUHAMEL.

Ce serait joli, ma foi, de prendre une voiture qui me coûterait deux francs de course, quarante centimes pour nos colis et deux sous de pourboire, tandis que pour soixante centimes, nous en verrons la farce... bénéfice net pour ma caisse, un franc quatre-vingt-dix...

DUHAMEL, étonné (1).

Admirable... (A Edmond). Qu'en dis-tu ? (A sa femme.) Tu es admirable... Viens que je t'embrasse... et maintenant, partez... une deux, et trois... Bobin, ne vois-tu rien venir ?

BOBIN, au fond.

Je vois un omnibus qui s'avance.

TOUS.

Ah !

BOBIN.

Mais c'est celui du jardin des plantes...

DUHAMEL.

Allons, attendons... attendons encore...

EDMOND (2).

(Duhamel est au fond avec Bobin.)

Pendant qu'elles attendent l'omnibus, ma chère tante et ma chère cousine me permettront-elles de leur souhaiter le plus heureux voyage.

MADAME DUHAMEL.

Ah ! vous voilà, vous... monsieur. (Plus bas.) Le débauché, si vous épousez jamais ma fille, vous... ce ne sera pas par ma faute. (Haut.) Eh bien, Robin, et cet omnibus ?

(Elle remonte au fond.)

BOBIN.

Ah ! en voilà un, mais il est complet, madame.

DUHAMEL.

Si vous alliez à la station, vous auriez peut-être plus de chance de trouver des places.

1. Emond, madame Duhamel, Eugénie.

2. Madame Duhamel, Bobin, Duhamel, au fond. Edmond, Eugénie à l'avant-scène de droite.

MADAME DUHAMEL.

C'est une idée... Bobin, reprenez, reprenez votre valise et suivez-nous.

BOBIN.

Voilà, madame, voilà.

EDMOND, bas à Eugénie.

Ma chère cousine... loin de moi n'oubliez pas que je vous aime et que je ne rêve et ne pense qu'à vous.

EUGÉNIE.

Oui, mon cousin.

EDMOND.

Et vous, pensez-vous à moi ?

EUGÉNIE.

Je ne sais pas au juste, mon cousin. (Elle baisse les yeux.)

EDMOND, lui serrant la main avec force.

Je vous adore, Eugénie.

EUGÉNIE, poussant un cri.

Oh ! là !

DUHAMEL ET MADAME DUHAMEL.

Qu'as-tu ?

(Ils redescendent.) (1).

EUGÉNIE, tout émue.

Rien... C'est ma bottine qui est trop juste.

DUHAMEL.

Allons, patience, ça se fera... (Embrassant sa femme.) Cette fois, vous y êtes bien. Au revoir, ma poule blanche... (Embrassant sa fille.) Au revoir, mon sang, mon image, ma petite chèvre... est-elle assez simple et assez modeste !... Ah ! ce ne sont pas les demoiselles Benoîton qui vous auraient cette décence virginale.

MADAME DUHAMEL, courroucée.

Monsieur Duhamel, je vous avais cependant défendu de jamais prononcer le nom de cette déplorable famille devant notre enfant !... Vous voulez donc la perdre, cette colombe du bon Dieu !... (Elle embrasse Eugénie) (2.) Viens, ma fille, ton

1. Madame Duhamel, Duhamel, Eugénie, Edmond.
2. Duhamel, madame Duhamel, Eugénie, Édouard.

père déraille ; il n'a plus de culte ni de respect pour la sainte famille... Fuyons-le... fuyons !

EUGÉNIE, passant à son père.

Mais papa, qu'est-ce que c'est donc que les demoiselles Benoîton ?

MADAME DUHAMEL.

Vous l'entendez... elle prononce déjà ce nom honteux, sans se tromper.

EUGÉNIE.

Dis, papa, qu'est-ce que sont donc ces demoiselles dont on parle tant !...

DUHAMEL.

Des cocottes...

EUGÉNIE.

Des cocottes en papiers ?

MADAME DUHAMEL.

Ce sont des horreurs qu'une demoiselle bien élevée doit ignorer... Allons, en route...

DUHAMEL, à part.

Enfin !

ENSEMBLE.

AIR :

Mettez-vous } vite en route
Mettons-nous }
La vapeur n'a pas de retard
Ou bien sans aucun doute
Vous allez } manquer le départ.
Nous allons }

(Madame Duhamel, Eugénie et Bobin sortent par le fond.)

SCÈNE VI

DUHAMEL, sur le devant du théâtre et EDMOND, au pupitre

DUHAMEL.

Ah ! cette fois, je suis certain qu'elles sont parties. Une minute de plus, je devenais furieux. Quel crampon, que mon épouse !... Elle est précieuse dans la maison, elle veille aux soins du ménage, elle prodigue des secours aux chaussettes et aux gilets de flanelle... Elle se battrait à la carabine pour défendre mes intérêts... Mais, sacrebleu! quelle bonne et digne mère de famille embêtante!... Notez que ce bonheur là dure depuis vingt ans bientôt. (Il entre se placer dans le petit bureau grillé, n'apercevant pas Edmond au pupitre.) Enfin! je suis seul... Mais, j'y pense... les affaires vont assez mal aujourd'hui... si je m'occupais de mon annonce pour la quatrième page des grands journaux!... Voyons donc, voyons donc!

EDMOND, rêveur, toujours au pupitre.

Ma cousine est bien attrayante... Mais elle ne sera pas ma femme de si tôt; il n'y aurait donc aucun inconvénient à ce que je fisse un petit bout de *nopce* avant de me marier!... mais comment quitter la boutique... je n'en trouve toujours pas le moyen.

DUHAMEL, qui écrit.

Je tiens le joint...

SCÈNE VII

LES MÊMES, CAGNARD et GOUBAULT.

GOUBAULT, de la porte.

Oh! oh! personne! Ah! je l'aperçois dans son bureau (1).

CAGNARD.

Il est à sa caisse.

GOUBAULT.

Abordons-le...

DUHAMEL, écrivant.

Ma foi, l'idée est excellente, je réponds du succès...

CAGNARD.

Salut au soleil de la soierie française au détail...

DUHAMEL, relevant la tête.

Cagnard et Goubault!... (Il continue à écrire.)

GOUBAULT.

En as-tu pour longtemps?

DUHAMEL (2).

C'est fait... Entrez donc... Les affaires vont cahin-caha...

1. Duhamel, assis, Goulbault, Cagnand, Edmond.
2. Goubault, Duhamel, Cagnard, assis.

Je viens de concevoir une annonce pour les grands journaux, je ne vous dis que cela !... Mais qu'y a-t-il donc pour votre service, mes chers collègues ?... quel bon vent vous amène ?

(Ils sont entrés dans le petit bureau.)

EDMOND.

Que viennent-ils faire ?

(Il se dissimule derrière des registres placés l'un sur l'autre.)

CAGNARD.

Voici la chose...

EDMOND, à part.

Écoutons.

GOUBAULT.

D'abord, sache que je suis garçon pour vingt-quatre heures, au minimum.

CAGNARD.

Moi de même.

DUHAMEL.

Comme ça se trouve, moi, idem, dito.

GOUBAULT, CAGNARD, DUHAMEL.

C'est étrange.

CAGNARD.

Nous sommes donc garçons tous trois, ce qui ne nous est pas désagréable, qu'en dis-tu ?

DUHAMEL.

Sacrebleu, non... mais arrive au fait. Je suis sur un gril.

GOUBAULT.

Curieux, va !... nous y voici... nous les premiers soyers de la rue de Cléry...

CAGNARD.

Et de la place des Victoires, je te prie.

GOUBAULT.

Et de la place des Victoires... Nous avons organisé, depuis deux mois, un petit déjeuner dînatoire mensuel, qui se répète tous les dix-huit de chaque mois. Comme on y dit des bêtises, sans compter celles qu'on y fait, nous avons pensé à te compter parmi les membres...

CAGNARD.

Nous avons surnommé ce petit banquet de l'amitié le déjeuner des goinfres... Veux-tu, ou ne veux-tu pas en être?

DUHAMEL.

Un déjeûner, c'est une affaire, et, vous le savez, je n'engage jamais ma parole, sans mûrement réfléchir d'abord...

GOUBAULT, se levant.

Allons, Cagnard, partons.

DUHAMEL, les faisant rasseoir.

Vouliez-vous que j'acceptasse sur-le-champ?

CAGNARD.

La belle affaire! N'est-ce pas aujourd'hui le dix-huit... le couvert est mis.

DUHAMEL.

Mais... et ma maison?

GOUBAULT et CAGNARD.

Et les nôtres?

DUHAMEL.

Ils ont réponse à tout... Est-ce qu'il y aura un autre sexe que le nôtre à ce festival?

CAGNARD.

Duhamel, tu nous offenses!

DUHAMEL.

En sortant de table... on...

GOUBAULT.

On rentrera chez soi, pour se reposer... est-ce convenu?

DUHAMEL.

Eh bien!... (Il hésite.)

CAGNARD.

Allons donc, poltron... eh! bien?

DUHAMEL.

Encore une question : A quelle heure se sépare-t-on?

GOUBAULT.

Quand les caves du cabaret seront vides.

DUHAMEL, après un moment de silence.

C'est dit!

(Ici, Edmond a quitté furtivement le pupitre derrière lequel il s'était réfugié, et sans être vu, il s'est glissé dans l'escalier, qu'il a franchi très-rapidement; il a complètement disparu. Il ne reste donc plus en scène que Duhamel, Cagnard, et Goubault.)

CAGNARD et GOUBAULT.

A la bonne heure.

CAGNARD.

Prends ta canne et ton chapeau, et partons...

(Ils viennent en scène,)

GOUBAULT (1).

Il n'est que temps...

DUHAMEL, qui a quitté sa jaquette pour mettre un habit.

Ah ! mes amis, encore une observation... très-importante, celle-là (2)... vous êtes pour moi, deux vrais amis. J'ai toute sorte de satisfaction à me trouver avec vous; nous allons vider les caves d'un cabaret quelconque, je ne demande pas mieux, c'est convenu... Le notaire y a passé, n'en parlons plus... Mais!

GOUBAULT et CAGNARD.

Mais ?

BUHAMEL.

Vous n'avez pas oublié mon principe en matière de bombance. Je fais d'abord mon prix, et je n'en sors plus... si ça doit me coûter plus de ma pièce de cinq francs, je n'en suis pas.

CAGNARD.

Comment, tu la fais donc encore, celle-là?

GOUBAULT.

Cinq francs pour déjeuner dinatoirement, et vider les caves d'une Maison-d'Or quelconque, sais-tu, Duhamel, que tu n'y vas pas par quatre chemins... tu fais les choses largement.

DUHAMEL.

Remarquez que je donne mes cinq francs à forfait, et que si l'addition ne les absorbe pas complétement, mon sacrifice sera le même. Je laisserai ce qui pourra me revenir au garçon qui m'aura servi.

(Cagnard et Goubault se regardent. Ils se parlent bas et rient. Pendant ce temps, Duhamel a été prendre son chapeau.)

GOUBAULT.

C'est adopté, tu ne donneras pas un denier de plus que...

1. Duhamel, Goubault. Cagnard.
2. Goubault, Duhamel, Cagnard.

DUHAMEL.

Que mes cinq francs.

CAGNARD et GOUBAULT.

Et maintenant en route.

(Ils remontent au fond.)

DUHAMEL, à part.

Quel dommage que je n'aie pu faire assister mes commis à la signature de ce pacte, ils auraient vu comment leur patron procède, (en confidence) même en matière gastronomique. (Ici Edmond reparaît, redescendant l'escalier.) Ah! Edmond, mon cher neveu, j'ai à te parler.

EDMOND.

Je vous écoute, mon oncle; tiens, monsieur Cagnard et compagnie, et monsieur Goubault, vous allez bien, messieurs?

CAGNARD et GOUBAULT.

Vous êtes bien aimable, jeune homme; pas mal, et vous?

DUHAMEL, bas à Edmond (1).

Mon ami, je suis forcé de m'absenter pour une affaire de la plus sérieuse importance.

EDMOND.

Un solde à faire, peut-être? (A part.) Un lot d'écrevisses bordelaises et de clicot à acheter au-dessous du cours.

DUHAMEL.

Précisément, tu l'as ingénieusement deviné, c'est d'un solde qu'il s'agit; je ne rentrerai peut-être que sur...

EDMOND, à part.

Sur la tête...

DUHAMEL.

Que sur les dix heures, ce soir, peut-être onze... Je te confie donc les clefs de la *Ville de Tours*, je t'en livre la garde et la surveillance; songe qu'un jour ce sera à ton tour la tienne, de *Ville de Tours*, c'est tout te dire...

EDMOND.

Soyez tranquille, mon oncle, c'est absolument comme si vous y restiez vous-même. J'aurai une main de fer pour tenir les guides que vous me confiez, un œil de lynx, pour observer les faits et gestes de tout le personnel.

1. Goubault, Cagnard, Edmond, Duhamel.

DUHAMEL.

Ainsi, je puis m'en aller ?

EDMOND.

Allez solder, mon oncle, votre neveu veille...

DUHAMEL (1).

Messieurs, je vous suis... (A Edmond.) Ah ! dis-moi, si tu as le temps, songe à mes doctrines, à mes principes, à mes théories, case-les dans ton cerveau, mon garçon... tu sais... mes cinq francs !... Je ne sors pas de là !... (Aux autres.) Eh ! bien, partons nous, c'est moi qui vous attends maintenant.

ENSEMBLE DE SORTIE.

AIR :

(Bas)

Partons donc, mes amis,
Puisque le couvert est mis.

(Haut)

Et répétons surtout :
Les affaires avant tout.

SCÈNE VIII

EDMOND, ÉDOUARD, FERNAND

EDMOND, qui regarde Cagnard, Goubault et Duhamel, qui s'éloignent,

Les voilà décampés, (Imitant le cri de la tourterelle, au bas de l'escalier) Cou, cou, rou... cou cou rou.

FERNAND ET ÉDOUARD.

Cou cou rou... cou cou cou cou cou cou rou...

EDMOND.

Ils sont partis.

(Édouard et Fernand descendent précipitamment.)

FERNAND (2).

Alors, la place est à nous.

ÉDOUARD.

Alors, nous pouvons nous rendre à l'invitation de Clara...

1. Goubault, Cagnard, Duhamel, Edmond.
2. Édouard, Edmond, Fernand.

EDMOND.

Tous trois, cela est difficile; car il faudra bien que quelqu'un de nous garde le magasin.

FERNAND.

Voici l'invitation que nous a adressée Clara... c'est entraînant, je ne vous dis que ça...

ÉDOUARD et EDMOND, rêveurs.

Que faire?

EDMOND, inspiré.

Je tiens mon idée. Nous allons tirer au chapeau lequel de nous trois gardera la maison; les deux autres se rendront à cette invitation, et ce soir, à la fermeture du magasin, le troisième rejoindra la société.

ÉDOUARD.

C'est une idée.

FERNAND.

Allons-y.

EDMOND.

Écrivez vos noms sur un carré de papier, je vais y joindre le mien, et au petit bonheur.

(Il remonte écrire au comptoir et prendre son chapeau.)

FERNAND.

J'ai fait!

ÉDOUARD.

Moi de même!

EDMOND, qui a mis son nom dans un chapeau qu'il tient un peu élevé.

Plongez dans l'urne, messieurs. (Édouard et Fernand ont jeté leurs noms dans le chapeau.) Maintenant procédons au tirage. (Il sort un nom du chapeau et lit.) « Edmond. » Aye!...

FERNAND.

C'est pour le neveu de la maison; le sort n'a guère eu d'égards.

EDMOND.

Partez vite, excusez-moi et dites que je serai près de ces dames dix secondes après le magasin fermé... si vous changiez de résidence, vous m'en informeriez par une dépêche.

ÉDOUARD.

C'est convenu.

(Édouard et Fernand sont allés prendre leurs chapeaux).

FERNAND, à Edmond, parodiant Duhamel (1).

Et surtout, mon cher neveu, songe à mes sages doctrines, à mes principes, à mes théories... Tu sais, mes cinq francs... je ne sors pas de là!

ÉDOUARD, de même.

Le courage, l'ordre, l'économie et la persévérance, voilà ma devise.

FERNAND et ÉDOUARD, éclatant de rire.

Ah! ah!

ENSEMBLE.

AIR : *Trou la la* (*Hervé.*)

On nous attend là-bas,
Que les cascades commencent,
Quand les chats n'y sont pas,
C'est alors que les rats dansent.
Donnons-nous du bon temps,
Autant d' sauvé, mes enfants.

(Ils sortent. — Édouard et Fernand sortent au fond et se dirigent vers la la gauche. Bobin entre par le droite, au fond.)

SCÈNE IX

EDMOND, BOBIN.

EDMOND, à Bobin.

Ah! te voilà, toi, d'où viens-tu?

BOBIN, s'asseyant sur la chaise près du comptoir.

De porter la valise et les sacs de nuit de madame et de mademoiselle, je suis éreinté.

EDMOND.

Sais-tu bien que tu as mis le temps pour aller jusqu'à la station voisine.

BOBIN, se levant.

Plus souvent! j'arrive du chemin de fer du Nord... les omnibus n'ont pas voulu accepter les bagages, et madame,

1. Fernand, Edmond, Édouard.

après avoir réfléchi, a décidé que l'embarcadère n'était pas assez éloigné d'ici pour prendre une voiture, alors on a chargé la valise et les sacs de nuit sur mes épaules, et j'ai trotté menu jusque là-bas... (Il tombe sur une chaise.) Je n'en puis plus... Tiens! le patron est sorti... vous êtes seul, monsieur Edmond?

EDMOND, à part.

Quelle idée! (Haut.) Dis-donc, Bobin... si je te demandais un service qui fût en ton pouvoir.. hésiterais-tu à me le rendre?

BOBIN, se levant.

S'il s'agissait de vous porter des sacs et des valises, n'importe où, je n'hésiterais pas... je refuserais net!

EDMOND.

Rassure-toi, il s'agit de passer le reste de la journée à te reposer...

BOBIN.

Alors, ça me va ; je n'hésite pas...

EDMOND, à part.

Ma tante est à la campagne, mon oncle gobichonne, nous sommes au cœur de la morte saison, il ne viendra personne, c'est certain... (Haut.) Voici de quoi il s'agit.

BOBIN.

Voyons ça.

EDMOND.

Le patron est sorti pour affaire très-pressante, messieurs Édouard et Fernand sont en ville pour une grande partie de la journée, et moi, je suis obligé de m'absenter sur-le-champ. Je voudrais te prier de rester seul ici, jusqu'à ce soir : je te confie la garde de la *Ville de Tours*.

BOBIN, étonné.

A moi! et s'il vient quelqu'un pour acheter?

EDMOND.

Tu essaieras de lui vendre.

(Il remonte prendre son chapeau.)

BOBIN (1).

Ah! mais, c'est grave, ça, M. Edmond.

1. Bobin, Edmond.

EDMOND.

Ne crains rien, je réponds de tout ce qui arrivera... (Parodiant Duhamel.) Dis-moi, surtout n'oublie pas mes principes, mes doctrines et mes sages théories... Souviens-toi que le courage, l'ordre, l'économie et la persévérance, voilà ma devise... Tu sais, mes cinq francs, je ne sors pas de là!

BOBIN, parodiant Edmond.

Oui! mon cher oncle...

EDMOND, qui éclate.

Ah! ah! ah!

MÊME AIR : *Que le précédent.*

Vite, on m'attend là-bas,
Que les cascades commencent;
Quand les chats n'y sont pas,
C'est alors que les rats dansent.
Donnons-nous donc du bon temps,
Autant d'sauvé, mes enfants!

(Il sort vivement.)

SCÈNE X

BOBIN, seul. — Il est resté ébahi.

Me voilà marchand de soieries à mon compte... m'est avis qu'il y a quelque chose là-dessous, qui n'est pas naturel; après tout, je m'en fiche, c'est le neveu de la maison qui m'a prié de garder le magasin. Je vais le garder. — Eh bien, oui... mais à quoi ça va-t-il servir que je reste là, puisque je ne connais pas la marchandise, et que je pourrais aussi bien donner un taffetas de six francs au mètre pour quarante sous, qu'un poult de soie pour un franc... J'ai une idée... si je faisais comme tout le monde, si, moi aussi, j'allais me promener... mais... et le magasin? Le magasin!... eh! bien, mais je vas le fermer... donc... (Il va au fond du théâtre, développe les volets à l'aide d'une manivelle qu'il tourne à l'intérieur.) Nous allons bien voir... Ça n'est pas plus difficile que ça... J'ai pour camarade un pays qui est premier garçon à la Maison-d'Or... il m'a souvent engagé à venir lui donner un coup de main. C'est aujourd'hui jour de courses à la Marche; il aura trop de besogne, c'est sûr, je vais aller l'aider, ça me distraira, et puis je recevrai des pourboires. Je finirai les bouteilles inachevées, je goûterai à tous les plats, et je me gaverai jusque-là... Cristi! quelle idée j'ai là!... Dépêchons-nous de remettre la clef au pipelet... Ah! bigre, j'y pense... que va dire le quartier s'il voit le magasin fermé sans avis sur la porte? Il va cancaner. J'ai mon moyen. (Il écrit sur une grande feuille de papier.) Là... comme ça, personne n'a rien à dire. (Lisant.) « Fermé pour cause de mariage. » (Il passe sous la fermeture complétement baissée et colle l'écriteau à l'extérieur; puis ferme la porte à clef.) Et maintenant, allons nous faire friser pour être digne des cabinets de la Maison-d'Or. (Il sort par la droite.)

(L'orchestre joue la troisième reprise de l'air qui précède.)

ACTE DEUXIÈME

Un vaste salon de la Maison-d'Or, divisé en deux parties par une cloison volante et formant ainsi deux cabinets égaux et semblablement meublés; dans chacun de ces cabinets au premier plan, une petite cheminée avec glace au-dessus, borne-pendule, divan, chaises, fauteuils, table ovale. Les divans sont placés au-dessus de chaque cheminée 2e plan, tapis par terre, près des glaces des cordons de sonnette. — Çà et là, servantes chargés d'assiettes. — Adaptées aux murs, des patères en assez grand nombre. — A droite et à gauche, portes qui conduisent à des pièces adjacentes. — Au lever du rideau, le cabinet de droite, no 11, est prêt à recevoir le consommateur, la table est dressée. — Le cabinet de gauche, no 9, est plus spacieux par ce fait que la table, couverte seulement de sa nappe, est près du mur et laisse le théâtre libre.

SCÈNE PREMIÈRE

STANISLAS, BOBIN, frisés et habillés en garçon de salle très-élégants; ils occupent le cabinet numéro 11 où se trouve la table déjà dressée. Bobin s'occupe à ajuster sa cravate blanche, et à retoucher sa chevelere devant la glace de la cheminée, pendant que Stanislas, qui l'observe avec bienveillance, est étendu sur une chaise contre la cloison, comme un homme qui paresse. — Au lever du rideau, on entend différents timbres de sonnettes.

BOBIN (1).

Je crois, pays, que vous êtes très-demandé dans les cabinets d'à côté... quel carillon...

1. Stanislas assis, Bobin.

STANISLAS.

Ne t'occupe pas de cela, c'est mon affaire ; quand un client sonne longtemps, c'est qu'il s'embête, et un client isolé vois-tu, vaut rarement la peine que l'on s'occupe lui.

BOBIN.

Ça ne dépense pas assez. Là, j'espère qu'ainsi ficelé, pays, je ferai honneur à la Maison-d'Or.

STANISLAS.

Et d'abord, abstiens-toi de m'appeler pays, c'est rustique, c'est primitif en diable. Je me nomme Stanislas... fais comme tout le monde, appelle-moi par mon nom.

BOBIN.

C'est entendu.

STANISLAS.

As-tu ton forêt, ton passe-partout, et des allumettes dans ta poche ?

BOBIN.

Oui, Stanislas.

STANISLAS, se levant.

As-tu aussi cinq ou six épingles fines sous le collet de ta veste ?

BOBIN.

Les voici.

STANISLAS.

N'oublie pas cela ; l'épingle pour un garçon de cabinet, c'est comme qui dirait de la graine de pourboire... ça rapporte ferme.

BOBIN.

N'ayez crainte, je me souviens de toutes vos instructions... Une dame qui est restée longtemps à dîner dans un cabinet... avec un monsieur qui l'appelait mademoiselle au potage et qui finit par lui dire : « Ma biche ! » au dessert ! Cette dame-là a souvent besoin d'une épingle... il s'agit donc d'être pour elle prévenant, empressé, et physiquement très-indifférent, tout en lui offrant l'épingle qu'elle désire sans oser la demander !... Elle vous sourit avec reconnaissance, et quand vient l'heure solennelle de l'addition, si elle dit à l'heureux mortel qui paie : « Il est très-convenable et très-charmant, ce gar-

« çon là... » ça ne manque jamais !... vous haricotez votre pièce de deux francs pour le tronc...

STANISLAS, *fausse sortie.*

Parfaitement !

BOBIN, *en confidence* (1).

Dites-donc... et ceci ! (*Il sort de sa poche un petit démêloir.*)

STANISLAS.

Très-bien, très-bien !...

BOBIN, *imitant une voix de femme.*

Garçon !... vous n'auriez pas, par hasard, un démêloir... j'ai été si mal coiffée ce matin, que mes cheveux ne tiennent pas... (*Reprenant sa voix naturelle.*) Voilà, voilà, madame... quelquefois aussi le monsieur s'en sert... du démêloir...

STANISLAS, *riant.*

Il a été également mal coiffé le matin... Alors, c'est un pourboire plus gras... et si, par exemple, l'addition se monte à dix-sept francs sur vingt qu'il a donnés...

BOBIN.

Il vous dit en se fionnant devant la glace, quand on lui rapporte sa monnaie : « C'est bien, garçon, gardez le tout. »

STANISLAS.

Allons, allons, tu feras ton chemin dans le restaurant, si tu continues.

BOBIN.

Et le renseignement secret donné à la maîtresse qui constate l'infidélité de son amant et *versé* versa !... c'est encore ça qui rapporte. Mais, je vais faire fortune ici !

STANISLAS.

Tu pourrais dire vrai... seulement...

BOBIN.

Seulement?

STANISLAS.

Il te faudra changer de nom ; Bobin, ça n'est pas euphonique, ça sonne mal... et dans nos maisons, vois-tu, le nom bien choisi d'un garçon c'est déjà comme une absinthe salutaire au dîneur... Tu t'appelleras donc ?...

1. Bobin, Stanislas.

BOBIN, cherchant.

Alphonse !

STANISLAS.

C'est bien coiffeur... je préférerais Cupidon... Qu'en dis-tu ?

BOBIN.

Moi, j'adorerais volontiers le nom de Gaspardo.

STANISLAS.

C'est un peu Ambigu... Cependant... (Criant.) Gaspardo, une raie !... une anguille tartare... Gaspardo, un homard !... un saumon !...

BOBIN.

Que de poissons vous me commandez là... me prenez-vous donc pour Gaspardo le pêcheur...

STANISLAS.

Va donc pour Gaspardo, ça ne manque pas de chic... et maintenant, à la besogne, du leste !... tu vas mettre les verres et les accessoires qui manquent sur cette table... (couvert de six personnes) un déjeuner de vieux farceurs qui se réunissent tous les dix-huit de chaque mois... service classique, mais substantiel... Tu ne risqueras le mot familier qu'au premier bouchon de Château-la-Rose... au début, ces clients là sont dûrs à la dépense, mais quand ils ont avalé chacun une fiole de 46... ils vont bien... je te le promets ; tu forceras en chatteries et en liqueurs sucrées, ils en raffolent...

BOBIN.

Comptez sur moi !

STANISLAS.

Tu serviras alternativement le cabinet voisin n° 9... Toutefois, là, le service exige d'autres précautions ; il s'agit de petites modistes qui viennent aujourd'hui... et de jeunes gens, qui les courtisent. C'est le produit d'une cagnotte qu'ils viennent dévorer ce matin. Mademoiselle Clara, qui est dépositaire des fonds, est l'amphytrionne, une bonne fille, faite au moule, à ce qu'on dit... Or, pour le n° 9, des mets, des fruits, et des vins plus montés en couleur qu'à côté... Tu pourras rire avec ce monde-là... ça tutoie, ça frappe sur le ventre... mais ça paie richement.

BOBIN.

Je vois ça d'ici, c'est tous des bons enfants.

STANISLAS.

Chez ces dames, le couvert sera probablement de huit personnes... Tu dresseras également la table avant leur arrivée. Si tu es embasrassé pour quoi que ce soit, tu m'appelleras... du reste, j'aurai l'œil sur toi... c'est dit !... de l'aplomb et du chic !

(On entend de nouveau plusieurs timbres de sonnette.)

ENSEMBLE DE SORTIE.

Sois attentif et diligent,
Le ton poli, l'air engageant !
Songe qu'ici jamais l'argent
Ne vient qu'au plus intelligent !

BOBIN.

J'aurais pour tous, c'est très-urgent,
Le ton poli, l'air engageant,
Et je comprends qu'ici l'argent
Ne vient qu'au plus intelligent.

SCÈNE II

BOBIN, seul. il complète le couvert de six personnes.

Décidément, j'éprouve un goût plus prononcé pour ma profession d'aujourd'hui que pour celle des autres jours... Garçon à la Maison-d'Or, c'est comme un titre sur parchemin... Ah ! le sel, le poivre... le poivre surtout... pour des vieux, ça n'est pas superflu... la, tout y est bien, les petits pains enveloppés comme des bouquets, il y a bien six chaises... passons au numéro 9 maintenant.

(Il sort et passe aussitôt dans le cabinet voisin, où, aidé de deux garçons muets, il dresse une table de huit couverts. Ils placent la table en long comme celle de l'autre cabinet.)

SCÈNE III

STANISLAS, DUHAMEL, GOUBAULT, CAGNARD, ROUSSEL, DEUX PERSONNAGES MUETS.

STANISLAS, paraissant sur la ritournelle.

Par ici, messieurs !

CHŒUR.

AIR : *De la femme à barbe.*

Entrez tous, convives joyeux,
Dans ce séjour délicieux.
C'est jour de plaisir, de folie,
Les femm's ne sont pas d'la partie.

STANISLAS.

Tout est prêt, quand ces messieurs ordonneront, le service se développera sous leurs yeux comme par enchantement.

DUHAMEL (1).

Eh bien, mais tout de suite, il me semble qu'à midi...

(Tout le monde se débarrasse de ses paletots, cannes et chapeaux. Stanislas a disposé les vêtements de ces messieurs sur des patères à droite et à gauche.)

GOUBAULT, à Duhamel.

Comment trouves-tu ce cabinet-là ?

DUHAMEL.

C'est très-gentil... les meubles sont bons... (Il s'appuie sur le divan.) Les ressorts vont bien... ça ne manque pas de confortable.

CAGNARD, prenant une prise (2).

On peut se dire cela entr'hommes : je suis venu ici en compagnie, pour la première fois, il y a huit ans... j'étais encore dans la dentelle à cette époque.

DUHAMEL.

Avec qui y es-tu venu ?

GOUBAULT.

Gageons que je devine...

ROUSSEL.

Ce n'est pas avec ta femme.

CAGNARD.

Dieu m'en garde... C'était avec Laure Michaud, ma première demoiselle aux points d'Angleterre, elle quittait mon

1. Goubault, Roussel, un invité, Stanislas, au fond, un invité, Cagnard Duhamel.

2. Roussel, Goubault, Cagnard, Duhamel, à l'avant-scène. Les deux invités au deuxième plan, Stanislas, au fond.

magasin pour se marier, et elle a tenu à me faire ses adieux ici.

TOUS, riant.

Ah ! ah ! ah !

GOUBAULT.

Et tu lui as donné de sages conseils, scélérat !

DUHAMEL.

Moi, je vous dirai que je ne suis jamais entré dans un cabinet particulier. Celui-ci est le premier.

STANISLAS, s'avançant un peu.

Ces messieurs prendront-ils l'absinthe suisse, le madère sec, le vermuth ou le bitter ?...

CAGNARD, à Duhamel.

Qu'en dis-tu ?

DUHAMEL, indifférent.

Moi ?... je n'y tiens pas... après ça, je ferai comme tout le monde, si on prend un excitant, je le prendrai (1). (A part.) D'autant mieux que ça ne me coûtera pas un sou de plus... (Il les sort de la poche de son gilet.) Les voilà !! mes uniques !!! celui qui me trouverait un denier de plus sur moi serait fin... (Haut.) Va pour l'absinthe suisse. Servez-en à tout le monde... si vous voulez, je m'en bats l'œil !

STANISLAS.

Très-bien, messieurs... (Il sort.)

SCÈNE IV

LES MÊMES, moins STANISLAS (2).

ROUSSEL, qui regarde la glace placée au-dessus de la cheminée.

Saperlipopette !... que de noms gravés au diamant sur cette glace.

GOUBAULT.

Autant de signatures, autant de serments prêtés et rendus...

DUHAMEL, sans regarder.

C'est honteux !

1. Roussel remonte.
2. Goubault, Duhamel, Roussel et Cagnard à la glace.

CAGNARD, lisant.

Clarisse et Jules... 1839... Julien et Hortense, 1846.

BOBIN, aux garçons muets qui l'ont aidé.

Et maintenant, messieurs, à d'autres cabinets...

(Bobin et les deux autres garçons sortent.)

SCÈNE V

DUHAMEL, ROUSSEL, GOUBAULT, CAGNARD.

ROUSSEL, lisant aussi.

Ah bah !

DUHAMEL.

Qu'as-tu donc ?

ROUSSEL, à Duhamel.

Que disais-tu, mon cher Abuffard, que tu n'avais jamais mis le pied dans un cabinet... Voyez-donc, messieurs. (Il montre une inscription sur la glace.)

GOUBAULT, qui lit (1).

Abuffard Duhamel et Laure Michaud, 1859...

TOUS, surpris.

Ah !

ROUSSEL, à Cagnard.

Laure Michaud, dis-donc, Cagnard... c'est ta première demoiselle aux points d'Angleterre.

DUHAMEL, à part.

Je suis découvert !

CAGNARD, jouant l'homme vexé.

Duhamel... il n'y a jamais eu qu'un Abuffard Duhamel et qu'une Laure Michaud... vous m'en rendrez raison... (Il rit aux éclats.)

TOUS.

Ah ! ah ! ah !

DUHAMEL.

Je vous assure que je ne sais pas ce que vous voulez dire... cette glace ment...

CAGNARD, qui a été relire sur la glace (2.)

Ah ! messieurs, je rectifie. (A Duhamel.) Je ne t'en veux

1. Duhamel, à l'avant-scène, Roussel, Goubault, Cagnard, à la glace.
2. Duhamel, Cagnard, Roussel, Goubault.

plus, tu dates de 1859, tandis que moi... Ah! ah! c'est de l'histoire ancienne... Ah! ah!

(On rit. Il lui serre la main. Stanislas rentre avec un plateau garni de verres et d'un flacon d'absinthe qu'il pose sur la table.)

STANISLAS.

L'absinthe demandée...

DUHAMEL.

Eh bien!... Eh bien, oui... là... J'avoue que j'ai été faible aussi... mais c'est quand la pauvre fille était mariée que je suis venu ici déjeuner avec elle... C'était seulement pour la consoler de ses chagrins et l'assister de mes conseils... il paraît que son mari la battait.

TOUS.

Ah! ah! ah! (1).

DUHAMEL, seul, à l'avant-scène.

Ils ne croient à rien, ces gredins-là... (Au public.) Je vous le dis, à vous, mais que cela reste entre nous, je vous en prie, ça me ferait du tort à Lyon et dans mon quartier. (Avec effusion.) Eh bien, oui... j'y suis venu... oui, j'ai signé. (Montrant la glace.) sur ce grand livre de l'illusion... et vraiment ça ne m'a jamais été que fort agréable... quels souvenirs!...

RONDEAU.

AIR : *Ne raillez pas.*

D'un temps passé dates mystérieuses,
Doux souvenirs qu'on aime à retrouver,
Noms enlacés, légendes amoureuses,
En vous lisant on se plaît à rêver.
Le diamant qui traça cet emblême,
Guidé par votre main, heureux amants,
Ce diamant, disiez-vous, est, lui-même,
Moins durable et moins pur que nos serments.
Et depuis lors, hélas! ô pauvre glace,
Que de serments l'un sur l'autre entassés,
Qui, de leurs cœurs, comme de ta surface,
Sont, maintenant, l'un par l'autre effacés!

1. Tous remontent. Cagnard et Goubault s'asseyent sur le divan et lisent les journaux, Roussel et les deux amis se placent à table et commencent à verser l'absinthe.

Charmant miroir qui, de plus d'une belle,
Complaissamment réfléchis les attraits,
Toi, que l'on dit et sincère et fidèle,
Combien de mensonges, n'as-tu pas faits!
Ah! si pour nous, du moins, glace indiscrète,
Tu pouvais reproduire en ce moment,
Notre jeunesse et tout ce qu'on regrette,
Pour nos vieux cœurs quel spectacle charmant!
Tu nous dirais que la jeune compagne
D'un beau gandin déjà sur le retour,
Avec son dernier verre de champagne,
A vu s'évaporer tout son amour;
Tu nous dirais de grisette gentille
Et la tendresse et l'aimable abandon,
Quand, secondé par l'aï qui pétille,
L'étudiant implorait son pardon.
Mais non... de ces images si légères,
L'empreinte ne peut pas durer toujours,
Et je les crois encor plus éphémères
Que les ébats des plus folles amours!
D'un temps passé dates mystérieuses,
Doux souvenirs qu'on aime à retrouver,
Noms enlacés, légendes amoureuses,
En vous lisant on se plaît à rêver.

CAGNARD, se levant.

Allons-donc, Duhamel, que fais-tu là-bas tout seul... j'ai fait verser ton absinthe, viens donc la prendre.

DUHAMEL.

Me voilà! (Il va se placer à la table.)

CHŒUR.

La musique de ce chœur devra s'accorder avec celui qui sert d'entrée aux personnages qui arrivent en ce moment dans le cabinet numéro 9.

Air : *Quatuor des Ondines,*

DUHAMEL.

L'absinthe est un apéritif
Fort bon et, dit-on, très-actif.

LES AUTRES.

Oui, très-actif.

DUHAMEL, versant l'eau.

La faire est très-récréatif.
On verse de l'eau goutte à goutte.
Elle blanchit tout doucement.

TOUS.

Oui, vraiment, vraiment.
C'est charmant.

DUHAMEL.

Faut-il fair' la vôtre?

TOUS.

Sans doute.

DUHAMEL.

Voilà le breuvage apprêté,
Buvons donc à notre santé.

ENSEMBLE.

D'un repas délectable
Quand on veut savourer les mets,
Ce breuvage agréable
Produit les meilleurs effets.

SCÈNE VI

LES MÊMES, ÉDOUARD, FERNAND, CLARA, ZOÉ MIMI, PAQUITTA, STANISLAS, entrent dans le cabinet inoccupé. (1).

(Sur la seconde reprise de cet ensemble, les personnages du numéro 9 entrent et chantent de leur côté.)

ENSEMBLE.

D'un repas délectable
On a surveillé les apprêts;
Mettons-nous donc à table
D'y faire honneur, moi, je promets.

STANISLAS.

Le couvert est mis.

TOUS.

Bon!...

STANISLAS.

Et's vous réunis?

TOUS.

Non!

STANISLAS.

Or, vous attendez...

TOUS.

Bien!

STANISLAS.

Et vous ne voulez...

(1) Fernand, Paquitta, Stanislas, Édouard au fond, Mimi, Zoé, Clara.

TOUS.

Rien !...

CLARA.

Dès que nos amis vont venir
On vous sonnera pour servir } *bis*

ENSEMBLE.

(Des deux côtés.)
D'un repas délectable, etc.

STANISLAS.

Tout est prêt... Faut-il vous servir ?

CLARA.

Pas encore, je vous dis, nous attendons une dame.

ZOÉ, assise sur une chaise au 2e plan.

Et peut-être bien un monsieur.

MIMI, debout près de la table.

Ce pauvre Edmond !

PAQUITTA, elle s'assied sur le divan.

Comment!... c'est lui qui garde la boutique...

FERNAND.

Avec Bobin... le garçon de magasin... Hélas, oui, mesdames, le sort lui a été contraire, mais rassurez-vous, il nous rejoindra aussitôt qu'il sera libre.

CLARA.

Il y a tout de même des gens qu'a pas de chance. (Appelant.) Stanislas...

STANISLAS, descendant près de Clara.

Mademoiselle...

CLARA.

Vos fournaux vont bien ?

STANISLAS.

J'ai eu l'honneur déjà de dire à madame...

CLARA.

Assez d'honneur comme ça... Débarrassez-moi de mon chapeau, de mon châle... et servez-nous l'absinthe... Vous ferez ouvrir les huîtres et préparer les carafes de moët... que ça ne traîne pas, partez...

STANISLAS, à Clara, bas.

Il paraît que mademoiselle n'est pas de bonne humeur.

(Clara le regarde étonné, haut.) Je prie madame de me pardonner...

ZOÉ.

Ces garçons sont impayables, ma parole d'honneur, celui-là se figure qu'il a enfanté... l'obélisque.

MIMI.

Où allons-nous, bon Dieu, où allons-nous?

(Stanislas regarde Clara, qui, après un instant d'observation, éclate de rire avec lui.)

DUHAMEL.

Vous savez que si je prenais un second verre de ce poison-là... je serais gris...

ROUSSEL.

Alors, il y a longtemps que tu en bois... mon pauvre vieux. (Il touche la chevelure de Duhamel.) Ce n'est pas une chevelure, c'est de l'angora...

CLARA, qui fredonne l'air de la belle Hélène en se mirant à la glace.

Dis-moi, Vénus,
Quel plaisir trouves-tu?

TOUTES.

A faire ainsi
Cascader... cascader
La vertu!...

CAGNARD.

Je crois distinguer des voix de femmes dans le cabinet voisin.

DUHAMEL.

Des voix de femmes ne sont pas à dédaigner.

CLARA, qui sonne.

Garçon... et cette absinthe... Est-ce pour aujourd'hui?...

STANISLAS, reparaît avec des verres et de l'absinthe sur un plateau.

Voilà! voilà!

CLARA.

C'est bien, maintenant, débarrassez le plancher.

CAGNARD.

En voilà une qui est *roide*...

STANISLAS, à part.

Elle est dure... elle est dure pour moi... Quand on voudra,

je dois réitérer à madame, que le déjeuner de madame est prêt... (Il sort.)

CLARA.

Fernand, faites donc huit verres d'absinthe, voulez-vous?...

FERNAND.

A vos ordres!...

CLARA, assise sur une chaise (1).

Ah! mesdemoiselles, que c'est bon de ne rien faire; je suis modiste, c'est vrai... je travaille, parce qu'il le faut, mais je préfère la paresse, la contemplation des nuages.

FERNAND.

Et la bonne nourriture.

ÉDOUARD.

Les dentelles, les bijoux et les cachemires.

CLARA.

Eh bien, oui, je le confesse, j'aime la mode, je suis très-soucieuse du chic.

FERNAND.

Vous faites donc beaucoup de chapeaux?

ÉDOUARD.

Et vous les faites donc payer bien cher?...

CLARA.

Je fais des dettes et rien de plus... Je mène une existence de fils de famille, qui mange son patrimoine par anticipation, voilà tout.

FERNAND.

Votre mère est riche, alors?

CLARA.

La pauvre bonne femme!... Le jour elle carde des matelas, on la trouve place du Caire, en plein vent, sur un pliant. Matelas à carder... Tri de laines et de crins à bon compte... Le soir, elle ouvre les loges au petit théâtre; le matin, avant sept heures, elle fait le ménage d'un quinzième clerc d'huissier.

ZOÉ.

Clara ne vous dit pas qu'elle gagne aussi beaucoup d'argent en même temps qu'à faire des chapeaux.

1. Paquitta, Mimi assises sur le divan, Fernand, Édouard au fond, Zoé assise deuxième plan, Clara assise près de la cloison.

ÉDOUARD et FERNAND.

Contez-nous donc ça ?...

ZOÉ.

Elle cumule... d'abord, elle a un buste académique...

PAQUITTA.

Elle pose chez les peintres.

MIMI.

Et les sculpteurs à raison de dix francs la séance.

FERNAND.

Allons donc... C'est vrai ça, Clara ?

CLARA.

Mon Dieu, oui..., je collabore avec les grands artistes, à l'huile et au pastel, à raison de dix francs l'heure... On me voit en ce moment en Bacchante coulée en bronze chez Barbedienne ; c'est un modèle, qui m'a rapporté deux cents francs... les boucles d'oreilles que voici, mes enfants... Fernand, passez moi mon verre ?

FERNAND, le lui passant.

Avez-vous assez d'eau ?...

CLARA.

Ça m'est bien égal.

ZOÉ.

Eh bien, moi, pourvu que je déjeune, que je dîne et que je soupe, tout le reste m'est bien égal !...

MIMI.

Moi, je suis du bord de Zoé : bien vivre et dormir tard !

(Ici Duhamel et Goubault écoutent attentivement. Duhamel va écouter à la cloison.)

TOUTES.

Ah ! oui, dormir tard.

DUHAMEL, à part.

C'est très-intéressant...

GOUBAULT.

Écoute donc... j'entends une voix qui me va...

DUHAMEL.

Elles me vont toutes à moi...

FERNAND.

Buvons à la jeunesse, à la gaieté et à l'insouciance...

TOUS.

A l'insouciance !...

FERNAND.

AIR : *Nouveau de M. Lazard.*

Buvons à la jeunesse,
Buvons au plaisir, à l'amour ;
Assez tôt la sagesse
Prendra la parole à son tour. } *bis*

STANISLAS, annonçant.

Madame Francine !... Monsieur Edmond !... (Il sort.)

SCÈNE VII

LES MÊMES, FRANCINE, EDMOND.

FRANCINE (1).

Nous arrivons à temps !

TOUS.

Ah ! les voilà... les voilà !

CLARA.

Voici des verres, c'est de l'absinthe, en voulez-vous ?

FRANCINE, qui se débarrasse de son châle et de son chapeau.

Volontiers.

EDMOND.

Ah ! j'arrive bien à propos pour vous chanter la muse verte, une chanson sur l'absinthe.

TOUS.

Adopté !

CLARA.

Attention au refrain, ça met du feu dans les veines.

GOUBAULT.

Attention... nous ferons chorus...

DUHAMEL.

Ma foi, tant pis... je suis électrisé... Va pour le chorus de la muse verte.

(A ce moment, Duhamel, Cagnard, Goubault, et les deux personnages muets ont été prendre leurs verres et écoutent).

1. Fernand, Paquitta, Edmond, Mimi, Francine, Edouard au fond, Clara, Zoé.

EDMOND.

Je commence (1) :

LA MUSE VERTE.

Musique nouvelle de M. Charles Lecocq.

REFRAIN.

La lice est ouverte,
Chantons, gais buveurs,
De la muse verte
Les douces faveurs.

I.

C'est l'inspiratrice
Des joyeux refrains,
La consolatrice
De tous les chagrins ;
Filles de mémoire,
Ses sœurs, dit l'histoire,
Chez tous les mortels
Veulent des autels :
Mais elle, oublieuse
Et folle et rieuse,
Pour temple n'admet
Que le cabaret.
La lice est ouverte, etc.

II.

L'amour qu'elle inspire
Trouble la raison,
Et jusqu'au délire,
Va souvent, dit-on,
Amour qu'on expie...
Mais, si la folie
D'un cœur trop épris
Est toujours le prix,
A qui la fréquente
De façon prudente
Son philtre enchanté
Donne la gaité.
La lice est ouverte, etc., etc.

III.

Celui qui t'accuse
D'un pouvoir fatal,

1. Tous les hommes du cabinet voisin sont debout le verre à la main. Position pour chanter la ronde. Fernand assis, Mimi, Paquitta, au deuxième plan, Edouard derrière elles. Edmond, Francine, Clara, Zoé.

Médit ou s'abuse,
Nectar sans rival.
En vain on clabaude,
Ta robe émeraude
Renferme en ses plis
L'oubli des soucis;
Au fond de mon verre
Noyant la misère,
Je suis, grâce à toi,
Plus heureux qu'un roi

La lice est ouverte,
Chantons, gais buveurs,
De la muse verte
Les douces faveurs.

(Pendant le chant de la muse verte, Stanislas chargé de plats, est entré servir dans le cabinet du n. 11. — Entre deux couplets, il indique d'un geste à Duhamel, que le déjeuner est servi. Celui-ci l'envoie au diable.)

DUHAMEL, après la ronde.

C'est abracadabrant et maintenant à table!

TOUS, se plaçant.

A table!... à table (1)!

CLARA (2).

Me direz-vous, ma chère Francine et vous le bel Edmond, comment il se fait que vous arrivez ensemble ?

ZOÉ.

Est-ce que vous vous connaissiez ?

FRANCINE.

Pas encore, mais cela ne tardera pas, je l'espère... Figurez-vous que tout à l'heure, en descendant de panier, j'aperçus un amour de petite fille... sept ans à peine, elle cédait, tout en larmes, sous le poids d'une multitude de fraîches violettes... dix botillons au moins, que personne ne lui achetait... je fis signe à l'enfant de venir se débarrasser dans ma voiture... En un clin d'œil ce fut fait... au moment de la payer,

1. Position des hommes à table. Côté droit. Duhamel, Cagnard, un invité côté gauche, Goubault, Roussel, un invité.

2. Edmond appuyé à la cheminée, Francine assise près de la table, Clara assise près de la cloison. Fernand, Paquitta, Mimi, Édouard, Zoé, groupés au deuxième plan autour de la table.

je m'aperçus que j'étais sortie de chez moi sans ma bourse; vous voyez d'ici mon trouble, les passants s'arrêtaient déjà autour de nous et je songeais à venir vous demander secours (Désignant Edmond) quand monsieur. (Elle se lève) s'approche furtivement de la pauvre bouquetière, et lui dit en lui glissant un louis dans sa main tremblante : « Tiens, mon enfant, voilà ce que Madame te donne pour tes fleurs. » Je voulus remercier mon sauveur, mais il ne m'en donna pas le temps. Il disparut dans l'escalier qui conduit ici, je ne l'ai rattrapé qu'à cette porte que le garçon a ouverte quand j'allais lui dire : Monsieur, vous m'avez rendu un service dont la délicatesse m'a vivement touchée, je vous en remercie, si j'avais le bonheur à mon tour, de vous être bonne à quelque chose, — disposez de moi... En attendant, veuillez accepter ma main, monsieur, c'est le témoignage bien sincère de toute ma sympathie.

(Edmond lui prend la main qu'il baise en s'inclinant un peu.)

EDMOND.

Vraiment, madame... Ah !... vous donnez du prix à l'action la plus simple.

FRANCINE.

C'est possible... mais je la tiens pour très-régence, cette action-là, moi, monsieur ; voyons, à table... et que ça vienne bien vite... je suis sur les dents.

TOUS.

A table ! à table !

(On prend les chaises pour se placer.)

DUHAMEL.

Ils ont l'air bien disposé.

ROUSSEL.

Pas plus que nous !

CAGNARD.

On a beau dire, messieurs la vie entre hommes n'est réellement belle qu'avec des femmes.

DUHAMEL.

Cagnard, Cagnard, songe à tes rhumatismes, mon ami... et passe-moi le poivre...

FRANCINE, à Edmond.

Voulez-vous, vous asseoir près de moi ?... vous devez être très-galant ; je suis certaine que je ne manquerai de rien.

EDMOND, un peu embarrassé.

Vous me faites trop heureux, et je vous avoue que...

FRANCINE.

Arrêtez-vous là... vous cherchez une tournure de phrase aimable... ça ne peut pas venir... je préfère vous en faire remise... Garçon !

TOUS, appelant.

Garçon !... garçon !...

DUHAMEL.

Ils sont au moins trente là-dedans, quel bacchanal !

FERNAND, à Edmond (1).

Tu ne nous as pas encore dit ce que tu avais imaginé pour être aussitôt des nôtres ?...

ÉDOUARD.

Oui, qu'as-tu fait du magasin ?

EDMOND.

Je l'ai confié à la garde de Bobin.

FERNAND ET ÉDOUARD.

Voilà une maison bien représentée !

LES FEMMES, avec colère.

Ah ! c'est trop fort ! (Appelant.) Garçon !... garçon !... (Trémolo à l'orchestre.)

SCÈNE VIII

LES MÊMES, BOBIN, avec quatre plateaux d'huîtres l'un sur l'autre.

BOBIN, entrant.

Voilà ! voilà !

EDMOND, FERNAND ET ÉDOUARD, très-surpris.

Bobin !

BOBIN, manquant de laisser tomber ses quatre plateaux.

Ah ! La *Ville de Tours !*

1. Fernand, Edmond, Francine, Édouard au deuxième plan, Clara. Les autres femmes debout à leur place à table.

TOUTES LES DAMES, furieuses.

Ah!

FRANCINE.

Le maladroit!

BOBIN, désespérée (1).

Pas de veine!... je n'ai pas de veine!...

FRANCINE.

Mais c'est un coup de théâtre, ça, mes enfants!

CLARA.

Tout simplement. (Bobin pose les plateaux sur la table. — Le trémolo cesse.)

EDMOND.

Est-ce donc ainsi que tu gardes la maison que je t'avais confiée?

ÉDOUARD, de sa place à table.

Explique bien vite ta transformation, ou sinon, nous allons te faire accommoder en mayonnaise...

FERNAND, lui prenant l'oreille.

Ah! gredin!

EDMOND, de même.

Ah! traître!

EDMOND, FERNAND ET ÉDOUARD.

Parle... comment es-tu ici (2)?...

BOBIN, très-calme.

La! vous avez fini, n'est-ce pas, messieurs... je crois que je vous ai laissé m'abrutir et m'arracher les deux oreilles tout à votre aise... J'espère que vous n'avez pas à vous plaindre de ma modération... ai-je été assez calme... assez résigné dans la douleur?...

TOUTES LES DAMES, riant.

Ah! ah! ah!

FRANCINE.

Tiens!... tiens!... mais il est très-amusant!...

BOBIN.

Voici ma réponse à vos apostrophes, messieurs... (A part.)

1. Fernand, Edmond, Bobin, Francine, Clara.
2. Édouard redescend entre Fernand et Edmond.

C'est étonnant comme je suis distingué depuis que je suis au service de la Maison-d'Or!

EDMOND.

Nous t'attendons...

BOBIN.

M'y voici... ce matin, quand M. Edmond m'a eu confié la *Ville de Tours*, et que je me suis trouvé seul, j'ai eu peur de faire des bêtises. Alors, risquant le paquet, je suis convenu avec moi-même que j'allais comme vous autres, messieurs, m'échapper de ma galère et je m'en suis échappé.

FRANCINE.

Garçon!... garçon!... montez sur une chaise, mon ami, votre éloquence mérite une tribune. (Edmond avance sa chaise.)

BOBIN, monté sur une chaise.

Très-volontiers... j'ai déroulé les volets de la boutique, j'ai mis un écriteau sur la porte, la clef chez le concierge... et je suis parti.

FRANCINE.

C'est limpide!

EDMOND.

Et que dit cet écriteau?

BOBIN.

Fermé pour cause de mariage.

TOUS, riant.

Ah! ah! ah!

BOBIN.

Une fois dehors, je n'ai fait qu'une enjambée jusqu'ici, où mon pays, le nommé Stanislas qui est premier garçon des cabinets, m'a embauché en qualité d'extra... je vous ai apporté des huîtres et vous savez le reste. (Il descend de la chaise.)

FRANCINE (1).

Garçon, vous êtes acquitté. Comment vous nommez-vous?

EDMOND.

Bobin.

BOBIN.

Faites excuse, M. Edmond; dans la soierie, Bobin; mais dans les extra des restaurants, Gaspardo!

1. Entrée des garçons pour le service dans le cabinet des hommes.

TOUS.

Joli nom !

FRANCINE.

Alors, M. Gaspardo, servez-nous vite... mais bien vite, je vous déclare sérieusement que si vous tardez encore, nous vous mordrons à même, tant nous sommes affamés !

TOUS.

Oui, oui, sers-nous ! (On se met à table) (1).

FERNAND.

Heureusement que les huîtres sont intactes.

ÉDOUARD, à Bobin.

C'est ta bonne étoile qui l'a voulu, grâce à l'intervention de madame. (Il désigne Francine.) Tu es pardonné, mais ne t'habitue pas à ces petites farces-là !

EDMOND.

Ca te porterait malheur, monsieur Gaspardo.

TOUS.

Dégustons !... dégustons !...

BOBIN.

Je vais presser la suite, vous n'attendrez rien, je vous le promets !

GOUBAULT.

Il me vient une idée qui pourrait être productive pour le gouvernement... Pourquoi ne met-on pas un impôt sur les femmes de luxe ?

DUHAMEL.

Cela rapporterait trop... et ce serait immoral !... (Sonnant.) Comment ne nous donne-t-on pas d'olives avec ça... c'est excellent !

BOBIN, du dehors.

Voilà... voilà... voilà !... (Edmond verse à toute la table. — De son côté Duhamel en fait autant à la sienne. — Le trémolo, recommence.)

FRANCINE, qui mange.

Est-ce que vous êtes amoureux, M. Edmond, vous nous raconterez cela... voulez-vous ?

2. Position à table. — Francine, Fernand, Paquitta, Édouard, Zoé, Mimi, Clara, Edmond, le dos tourné au public.

DUHAMEL, qui résonne.

Garçon... sacrebleu!.. garçon, des olives... (A part.) Et puis, j'ai mon idée... je ne serais pas fâché d'obtenir quelques renseignements sur la société d'à-côté..,

SCÈNE IX

LES MÊMES, BOBIN (1).

BOBIN, entrant.

Ces messieurs ont sonné?

DUHAMEL, sans le regarder.

Avance ici!...

BOBIN, le reconnaissant avec une grande surprise.

Bigre!... le pa... le pa... (Se reprenant.) Le patron! (Il se cache la figure avec sa serviette).

DUHAMEL, qui s'est levé.

Est-ce que tu as une fluxion?... (Il lui retire sa serviette et le reconnaît, avec surprise.) Bobin!... (Allant à la table.) Que dites-vous de cela?... mon garçon de magasin!

CAGNARD, GOUBAULT ET ROUSSEL, surpris.

Hein!

DUHAMEL.

Le voilà déguisé en porte-fourchettes.

CLARA.

Qui est-ce qui me verse à boire?

FERNAND.

Moi... et jusqu'à la fin des siècles, si vous voulez... (Il verse.)

GOUBAULT ET CAGNARD.

C'est ma foi vrai! par quel hasard!...

DUHAMEL, furieux.

Est-ce que je sais, moi?... (A Bobin.) Tu crois que cela va se passer comme çà... (Ici deux garçons muets entrent dans le cabinet voisin, desservant et reservant d'autres plats.)

TOUS, avec joie, dans l'autre cabinet.

Ah! bravo!... bravo!...

DUHAMEL, à part.

Je suis furieux... eh bien! ces voisins d'à-côté paralysent

1. Tous les hommes à table, Bobin.

ma fureur... sacrebleu. (Haut à Bobin.) Comment se fait-il que tu sois ici ?

BOBIN, à part.

Il y a des jours comme cela... toutes les les tuiles vous tombent sur la tête à la fois... (Haut.) Mon petit patron, ne vous allumez pas, voici la chose...

GOUBAULT, assis.

Dis donc, Duhamel, viens donc t'asseoir, tu videras le compte de ce garçon et ton verre à la fois.

DUHAMEL.

C'est juste (Il va s'asseoir.)

ROUSSEL, appelant.

Bobin.

BOBIN, s'approchant.

Monsieur... dans la soierie, Bobin... rien de mieux, mais dans la boustifaille Gaspardo, je vous prie.

TOUS, riant.

Ah! ah! ah!

ROUSSEL.

Gaspardo verse-moi à boire, il est excellent celui-là... (Bobin verse à tout le monde en faisant le tour de la table.)

DUHAMEL.

Et à moi aussi. Néanmoins n'oublie pas que j'attends des explications sur ta présence ici, frisé comme un caniche, et les jambes enveloppées dans une serviette, pour un futur commis en soierie de la *Ville de Tours*, c'est scandaleux!... (Il boit.)

BOBIN.

Ah! monsieur, si madame savait que vous buvez du pur à plein verrre... c'est elle qui secouerait monsieur.

DUHAMEL.

Veux-tu bien te taire!

BOBIN.

Ce vin-là, voyez-vous est funeste pour les gastrites... et puis... permettez-moi un conseil, patron, mastiquez... mastiquez ferme... sans quoi vous êtes fichu... le docteur le dit toujours, vous étoufferez.

TOUS, riant, à droite.

Bravo! bravo!

FRANCINE.

Ils sont bien bruyants dans le cabinet voisin!

CLARA.

C'est drôle, on n'y distingue aucune organe de femme.

CAGNARD.

Gaspardo raconte ton histoire en deux temps, et file ensuite... tu nous gênes.

BOBIN.

Si vous le voulez, messieurs... je ne suis pas entêté, moi, je vais me retirer tout de suite.

DUHAMEL, s'emportant.

Parleras-tu?

FRANCINE.

Ah! ah! en voilà un qui s'emporte.

CLARA, frappant à la cloison.

Eh!... voisin, prenez garde aux coups de sang... c'est dangereux!

TOUT LE MONDE, dans les deux cabinets.

Ah! ah! ah!

DUHAMEL.

Elles ont le diable au corps!... (Il rit.) Je t'écoute.

BOBIN.

Eh bien, patron, dans le feu de mon dévouement pour vous, et pour votre gastrite, je me suis transformé en porte-fourchettes, comme vous dites, afin de vous servir et de bien vous soigner... enfin, pour que vous ne manquiez de rien et que vous soyez satisfait sur toute la ligne, patron... et voilà!... Si je suis fautif... (Il s'agenouille.) Battez mon cœur, car c'est lui qui est coupable!

TOUS, émus.

C'est très-gentil!

DUHAMEL.

Relève-toi, mon garçon, ton récit m'a ému... dans ma sensibilité... J'augmente sans hésiter, tes appointements de 25 fr... par an... ci 2 francs et vingt deniers par mois.

BOBIN.

Ah! patron, que vous êtes bon!...

DUHAMEL, au public.

Que ça fait de bien de se sentir un peu aimé... je sens qu'un pleur humecte ma paupière.

BOBIN, à part.

Il appelle ça un pleur, c'est le bon vin qui déborde!...

DUHAMEL, se levant et le prenant à part.

Tu es pardonné, seulement écoute ceci...

BOBIN.

Allez-y, patron...

DUHAMEL.

Souviens-toi que la discrétion est le plus bel apanage d'un serviteur; je ne t'ai pas rencontré ici... tu ne m'y as jamais vu... Tu le jurerais, la tête sur le billot...

BOBIN, hésitant.

Sur le billot!... je veux bien ne pas parler de nôtre rencontre ici, mais ma tête, sur le billot... je n'aimerais pas trop cet exercice-là...

DUHAMEL.

C'est un mot qui se dit dans le monde... ça n'engage à rien.

BOBIN.

Ah! si ça n'engage à rien, c'est différent... je le jurerais la tête sur le billot.

DUHAMEL.

Parfait... maintenant... (Il l'attire à part, et lui parle bas.)

FRANCINE, debout, élevant son verre.

Aux amours!

TOUS, de même.

Aux amours!

FRANCINE.

Edmond... je vous ai déjà prié de nous raconter les vôtres... d'amours... allez... parlez... nous vous écoutons avec intérêt... (Elle boit.)

CLARA.

Comment, déjà Edmond tout court... comme cela?

FRANCINE, qui s'est assise.

Tout court... (On lui verse de nouveau; elle boit.) Vous en verrez bien d'autres... (A Edmond.) Voyons, votre adorée, est-elle blonde?... est-elle brune... est-elle jeune... est-elle jolie... vous aime-t-elle?

EDMOND.

Elle est blonde, elle a seize ans, elle est jolie autant qu'on peut l'être.. après vous; c'est ma cousine, elle aura 200,000 fr. de dot... je crois qu'elle m'aime... on ne veut pas me la donner, sous prétexte que j'ai des dettes.

FRANCINE.

Beaucoup?

EDMOND.

Seize mille francs!

FRANCINE.

Et de qui dépend le mariage?

EDMOND.

De mon oncle et ma tante... deux ladres... deux avares!

FRANCINE.

Alors, il n'y a rien à espérer? (On apporte un énorme buisson d'écrevisse et des sceaux remplis de champagne frappé.)

TOUS, criant.

Ah!... bravo!

FRANCINE.

A la bonne heure... voilà enfin la Maison-d'Or qui se révèle; mes petits chérubins, j'ai à vous parler sérieusement.

TOUS.

Écoutons, écoutons. (Tous les personnages du cabinet voisin se lèvent et s'approchent de la cloison.)

TOUS.

Écoutons aussi nous autres!

GOUBAULT.

Elle a une voix qui porte à l'âme!...

FRANCINE.

Voulez-vous vraiment vous amuser?

TOUS.

Oui, ah! oui!

FRANCINE.

Moi qui suis la moins connue ici... par conséquent la moins liée à la société... je vous propose de jouer tous ensemble de la seconde personne?... vous ne saisissez-pas?... jouer de la deuxième personne au théâtre, c'est se tutoyer, ne former qu'une seule et même famille, resserrer les liens de l'union... rendre la camaraderie plus étroite, lui forcer la main jusqu'à ce qu'elle devienne une bonne amitié... si vous acceptez, je vous prédis une liberté d'allures qui mettra le feu aux poudres de votre gaité...

TOUS.

Oui... oui, adopté!

FRANCINE, très-gentiment.

C'est canaille, mais c'est si amusant!

TOUS.

Oui... oui!...

FRANCINE.

Il est bien entendu que nous tutoierons tous ceux qui nous approcheront et qu'ils seront tenus de suivre notre exemple.

DUHAMEL.

C'est adorable d'originalité!

GOUBAULT ET CAGNARD.

Ah!... si nous avions encore vingt ans.

DUHAMEL.

Seulement trente...

FRANCINE.

C'est bien dit?

TOUS.

Adopté!

FRANCINE.

Alors, Edmond, mon cher, verse-moi du clicot et en avant la chanson de *la seconde personne.* Vous y êtes?

TOUS, le verre à la main.

Nous y sommes!

FRANCINE, se levant sans quitter la table.

Battez tambours, sonnez clairons!...

Position pour la Ronde. — Dans le cabinet de gauche, tous assis à table, sauf Francine qui est debout. Dans le cabinet de droite, Goubault, Gagnard, Roussel, Duhamel, les amis, debout le verre en main.

LA SECONDE PERSONNE.

Air : *Nouveau de M. Victor Robillard.*

Tu, tu, tu!
Tur lu tu tu!
Tant pis pour qui s'en offense,
Honny soit qui mal y pense!
Je dis tu
Même à la vertu!

I.

Quand on reçoit l'étiquette
La faiseuse d'embarras,
Chez vous, la grande coquette
Ne vient jamais seule, hélas!..
Car toujours l'ennui l'escorte
En fidèle et tendre époux;
Ils sont deux!... et de la sorte,
Il faut bien lui dire : vous!...
Tu, tu, tu, etc.

II.

Mais entre amis en goguette,
C'est tout à fait différent,
C'est à la bonne franquette
Point de distance, de rang;
Jamais de cérémonie
Et, sans prendre un ton pointu,
Tout carrément on s'écrie :
Bonjour vieux, comment vas-tu?...
Tu, tu, tu, etc.

III (1).

Qu'un mari gronde sa femme
Et lui fasse les gros yeux,
Monsieur!... lui répond madame,
Vous êtes fort ennuyeux!
Que de son Arthur, Elmire,
Dont se défend la vertu,
Veuille avoir un cachemire...
Que lui dit-elle : hein!... veux-tu?...
Tu, tu, tu, etc.

(Pendant la chanson, Bobin et deux garçons ont débarrassé en silence la table, des plats et des assiettes, dans le cabinet des hommes.)

1. Elle vient un peu à l'avant-scène, et retourne à sa place au refrain.

DANS LES DEUX CABINETS.

Bravo! bravo!

CAGNARD.

Vivent les voisines!

TOUTES LES DAMES, se levant sans quitter la table.

Vivent les voisins!

(Pendant toute la scène qui vient de finir, les garçons ont versé le champagne à pleins verres dans les deux cabinets.

GOUBAULT, sur une chaise.

Aux femmes légères, messieurs!

CAGNARD, sur la table.

A Laure Michaud, mes chers collègues!

ROUSSEL, sur une autre chaise.

Aux anges que la langue française appelle des petites dames...

TOUTES LES FEMMES.

Bravo! bravo!

REPRISE DU REFRAIN.

Tu, tu, tu,
Tur lu tu tu...

DUHAMEL, hors de lui, à Bobin.

Bobin!

BOBIN.

Gaspardo, s'il vous plait!

DUHAMEL.

Gaspardo, mon ami, mon confident... N'oublie pas que je t'ai augmenté de 48 francs par an, ci 4 fr. 40 deniers par mois... en échange de quoi, tu ne m'as jamais rencontré ici, tu le soutiendrais au besoin...

BOBIN (1).

La tête sur le billot... c'est convenu. (A part.) La tête n'y est plus, il augmente mes appointements à vue d'œil... C'es plus extraordinaire qu'un tremblement de terre.

DUHAMEL, aux autres.

Écoutez tous!... (Les autres l'entourent. — à Bobin.) Tu vas aller chez les voisines d'à-côté...

1. Cagnard, Roussel, Goubault, invités groupés, Duhamel, Bobin.

BOBIN, surpris.

Hein?... (Se remettant.) Oui, patron!... (A part.) S'il savait que ce sont ses commis... quel chabanais!... (Haut.) Allez toujours, patron.

DUHAMEL.

Tu leur demanderas s'ils veulent fusionner avec nous... (Aux autres.) Ça vous va-t-il ?

TOUS, empressés.

Parbleu!

BOBIN, étonné.

Fusionner!...

DUHAMEL.

Fusionner, c'est se réunir ensemble.

BOBIN.

Je saisis...

DUHAMEL.

Eh bien! tu restes impassible devant mes ordres, qu'est-ce que tu as donc?

BOBIN.

Patron, je réfléchis... (A part.) je ne veux pas me charger de cette corvée-là!...

DUHAMEL.

A quoi réfléchis-tu?

BOBIN.

A la patronne, patron, si elle savait que j'ai prêté la main à une *infusion* avec des dames, surtout, elle m'arracherait les yeux; non, non, je ne peux pas faire cela... (A part.) C'est pour le coup que les autres m'appelleraient trahisseur... (Haut.) Jamais!... jamais!...

CAGNARD.

Alors, fais faire la démarche par un autre...

ROUSSEL.

Par ton pays.

BOBIN, à part.

Je ne sais pas, mais ils m'ont tout simplement l'air de fieffés gaillards, ces vieux-là... Au fait, Stanislas va s'en charger, ça sera peut-être amusant. Je veux voir le coup de théâtre. (Haut.) messieurs, j'y vole... (En sortant.) Dites donc, entre nous, je crois que ça vaudra bien un pourboire de prince cette petite négociation-là... hein! qu'en pensez-vous?

CAGNARD, GOUBAULT, et ROUSSEL.

C'est entendu... mais va donc!

BOBIN, à part.

Nous allons probablement rire!

(Il sort.)

SCÈNE X

LES MÊMES, moins BOBIN.

DUHAMEL, se frottant les mains d'aise.

Messieurs les ambassadeurs parlementent... le moment est solennel.

SCÈNE XI

LES MÊMES, STANISLAS, entrant dans le cabinet n° 9.

STANISLAS.

Pardon, je suis envoyé en ambassade!...

GOUBAULT, qui écoute l'oreille contre la cloison.

Chut!... les négociations sont entamées!...

TOUS.

Chut!...

(Tous écoutent l'oreille contre la cloison.)

FRANCINE, à Stanislas.

Nous t'écoutons...

STANISLAS, surpris.

Elle me tutoie déjà, ça va bien... (Haut.) Les déjeuneurs d'à-côté qui ne sont séparés de vous que par cette cloison postiche... m'ont chargé de vous offrir l'occasion de leur être bien agréables...

FRANCINE.

Et que faut-il faire pour cela?

STANISLAS.

Leur permettre de fusionner... de se réunir à votre table en l'augmentant de la leur.

CLARA.

Et quels sont ces messieurs?

STANISLAS.

Des bourgeois... peut-être un peu rassis... mais sérieux..

ZOÉ.

Ont-ils le sac?

PAQUITTA.

Sont-ils mariés?...

STANISLAS.

S'ils le sont, ils ne le prouvent guère... et puis, je crois entre nous que ça ne les gêne pas!...

FRANCINE.

Ce sont de bons vivants?...

STANISLAS.

Vous en serez enchantées!

FRANCINE.

Qu'en dites-vous, mesdames?

CLARA.

Essayons toujours... s'ils sont désagréables, nous les renverrons dans leur cabanon... n'est-ce pas donc?...

TOUS.

Essayons...

DUHAMEL, qui saute de joie.

C'est accepté!...

(Bobin rentre.)

CAGNARD, GOUBAULT et ROUSSEL.

Quelle chance!

DUHAMEL.

Mettons un peu d'ordre dans nos toilettes...

(Ils vont à la glace.)

FRANCINE.

C'est accepté... Mais tiendrons-nous tous dans ce cabinet? J'en doute!

STANISLAS.

Cette cloison se replie sur elle-même... Vous êtes bien décidés?...

TOUS.

Mais oui... mais oui...

(Stanislas en ce moment, et Bobin qui est entré de l'autre côté, plient la cloison qui se pousse et disparaît au fond. Tout le monde est debout dans les deux cabinets qui n'en forment plus qu'un seul, en même temps les garçons ont placé les deux tables en travers au fond. — Trémolo à l'orchestre. — Tout le monde se salue.)

DUHAMEL, allant à Francine (1).

Madame!... (A Clara.) Mada... bigre!... Je connais celle-là... (Allant à Edmond.) Monsieur!... (Très-étonné.) Mon neveu!...

EDMOND.

Mon oncle!...

DUHAMEL, plus étonné encore.

Mes commis!...

FERNAND et ÉDOUARD.

Le patron!...

BOBIN, à part.

Tableau! (Le trémolo cesse.)

DUHAMEL.

En croirai-je mes yeux!... (A Edmond avec colère.) Me direz-vous, messieurs!...

CLARA, à Francine (2).

C'est la *Ville de Tours* tout entière que tu vois réunie ici.

FRANCINE, désignant Duhamel.

Quel est ce vieux?

CLARA.

L'oncle d'Edmond.

DUHAMEL, à Edmond.

Quand vous voudrez parler?...

BOBIN, à Stanislas.

Remarquez le patron,.. son nez va avoir une attaque d'apoplexie...

EDMOND, embarrassé.

Mon oncle!... (A part.) Je ne sais que lui dire... (Haut) Voici la chose...

FRANCINE.

Pardon; monsieur est le propriétaire de la *Ville de Tours!*

DUHAMEL.

Oui, madame.

1. Édouard, Fernand, Edmond, Francine, Clara, Duhamel, Goubault, Bobin, Stanislas. Les autres femmes et les autres hommes, au deuxième plan. — Duhamel, passe successivement devant chaque personne qu'il salue.

2. Édouard, Fernand, Edmond, Duhamel, Francine, Clara, Cagnard, Goubault.

FRANCINE.

Monsieur et sa société désirent fusionner avec la nôtre?

DUHAMEL.

Si vous le permettez... Nous nous soumettons d'avance à toutes les exigences qu'elle nous imposera.

FRANCINE.

Alors, mon cher Duhamel, permets-moi de te renseigner selon ton désir?...

DUHAMEL, enchanté.

Elle me tutoie!

CAGNARD, du deuxième plan, où il cause avec Paquitta, qu'il a fait asseoir.

Tu sais bien que c'est l'usage adopté tout à l'heure...

DUHAMEL, se souvenant.

C'est juste!...

FRANCINE.

Ton neveu, charmant garçon du reste, sur ma demande, est venu ce matin m'apporter chez moi des échantillons de soieries pour robes. Ma femme de chambre, qui en avait l'ordre, l'a envoyé me les soumettre ici. J'ai fait mon choix et lui ai offert une assiette à notre table... Il a d'abord refusé, mais j'ai tant insisté, qu'il a été obligé d'accepter... sans quoi, je ne lui achetais rien... Voilà sa présence ici suffisamment expliquée, n'est-ce pas?

CLARA, gracieusement.

C'est la pure vérité... lui en voulez-vous encore?...

DUHAMEL, de plus en plus surpris.

Celle-là... je suis certain que je l'ai déjà vue quelque part... mais où?... je ne me le rappelle plus!...

FRANCINE.

Ainsi donc, mon cher, si la présence de ton neveu dans ce cabinet te chagrine, c'est à moi qu'il faut t'en prendre, sinon, baise ma main et n'en parlons plus.

DUHAMEL, à part.

Je puis risquer le mot... je suis épaté! (Il saisit et embrasse la main de Francine, et passe à droite) (1).

1. Edmond, Francine, les autres groupés au deuxième plan. — Duhamel à l'avant-scène de droite entouré de Zoé, Mimi et Paquitta.

EDMOND, bas à Francine.

Vous me tirez d'un grand embarras.

FRANCINE, bas à Edmond.

Laisse faire; je te dois un service, je vais te le rendre... tu aimes et veux épouser ta cousine, tu l'épouseras, je m'en charge.

EDMOND.

Mais comment?...

FRANCINE.

Cela me regarde... je ne joue pas en ce moment; une petite comédie à la ville me distraira... c'est arrêté là!... (Elle désigne son front.) Edmond, tu épouseras mademoiselle... (Elle cherche le nom).

EDMOND.

Eugénie...

FRANCINE.

Mademoiselle Eugénie, j'en réponds.

GOUBAULT.

Si nous nous nous remettions à table.

FRANCINE.

C'est une idée charmante...

DUHAMEL, qui la suit.

Mais alors, adorable madame... me... me (1)...

FRANCINE, vivement.

Que veux-tu dire?... allons, parle vite!...

DUHAMEL, à part.

Oh! qu'elle est vive! j'aime ça... tant mieux. (Il lui parle bas.)

FRANCINE, rieuse.

Tu vas vite en besogne, monsieur de la *Ville de Tours*...

STANISLAS, du fond criant.

Que faut-il servir à ces messieurs?...

GOUBAULT, de même.

Un punch plus vaste que le grand bassin des Tuileries!...

STANISLAS.

Voilà... voilà! (Il sort.)

1. Francine, Duhamel, seuls à l'avant-scène. — Les autres groupés près de la table.

DUHAMEL, qui réfléchit à lui-même, seul à l'avant-scène.

C'est égal, pour mes cinq francs, je puis dire que je m'amuse... cependant quelque chose me chiffonne, si Edmond, Édouard, Fernand et Bobin sont ici, qui donc garde mon magasin!

CLARA, tenant Fernand par la main (1).

Monsieur Fernand, mon cousin, que j'ai l'honneur de te présenter, m'a accompagnée, jusqu'ici; s'il n'est pas à son rayon aujourd'hui, c'est à moi qu'il faut t'en prendre... car il ne voulait pas venir sans ta permission... (Elle remonte avec Fernand).

DUHAMEL, à part.

En voilà encore un expliqué, mais Édouard, quel motif va-t-il me donner?...

ÉDOUARD (2).

Patron, vous devez être bien surpris de me trouver ici, mais je suis étranger à tout ce qui s'y est passé, je vous le promets...

DUHAMEL.

Vous me la faites bonne. (Au public.) Il est étranger à tout ce qui se passe ici... qu'en dites vous?...

ÉDOUARD.

Je venais de livrer en ville; je m'aperçus en rentrant que votre magasin n'était plus ouvert... on avait placardé un écriteau sur la porte : *Fermé pour cause de mariage.*

MIMI, ZOÉ et PAQUITTA, qui entourent Duhamel.

Et voilà! (3)...

DUHAMEL.

Je n'y suis plus... mais là, plus du tout... Pour cause de mariage!...

FRANCINE, prenant Duhamel par le bras droit.

Est-ce que c'est toi qui te maries?

DUHAMEL, à part.

Celle-ci, me ferait escalader le Niagara, si elle voulait... (Haut.) Non pas, chère madame... je..

1. Duhamel, Clara, Fernand.
2. Édouard, Duhamel.
3. Édouard, Duhamel, Zoé, Mimi, Paquitta.

FRANCINE.

Et d'abord, pas de chère madame... tout le monde se tutoie ici...

DUHAMEL.

C'est juste. Au fait, j'oublie toujours ça, moi. Quoi... vous... tu... (Se risquant.) Tu veux que je te dise toi?...

FRANCINE.

Nous disons donc que tu es marié, n'est-ce pas? (Avec un soupir.) Alors, tant pis!

DUHAMEL, à part.

Comme elle a l'air peinée de mon mariage!... (Haut.) Mais... ma femme n'est pas à Paris... je le suis donc si peu... si peu...

FRANCINE, langoureuse.

Tu me le promets!...

DUHAMEL, qui la tient dans ses bras.

Je te le jure!...

CLARA, à Cagnard, qui lui a parlé bas (1).

Tiens, tiens, tiens, toi, tu n'es pas dégoûté... Dites-donc, vous autres, savez-vous ce que m'a dit notre ami? il m'assure qu'il habiterait volontiers un désert, si je consentais à lui tenir compagnie.

TOUS, riant.

Ah! ah! ah!

DUHAMEL.

Ces femmes!... le champagne, cet écriteau... Je vais être fou à lier, avant dix secondes... (Avec colère.) Messieurs mes commis, je vous chasse tous, et mon neveu avec? (2)...

EDMOND, ÉDOUARD et FERNAND, surpris.

Ah! c'est de la tyrannie!

BOBIN.

Ah! et moi, patron, est-ce que vous vous séparez de moi qui vous veille?...

DUHAMEL.

Non... toi, tu m'aimes, je te conserve à ma suite... seulement...

1. Francine, Duhamel, Clara, Cagnard.
2. Édouard, Fernand, Edmond, Duhamel, Bobin.

BOBIN.

Ma tête sur le billot, oui patron; je vais plus loin... ma tête et la votre sur le billot... que je nierais encore.

STANISLAS, qui rentre avec un punch allumé, qu'il pose sur la table au fond.

Voici le punch!... les voitures de ces dames sont en bas, leurs cochers et leurs postillons les attendent!...

FRANCINE, qui l'attire à elle.

Tu m'accompagnes à la Marche (1)?

DUHAMEL.

A la Marche... mais...

CLARA, à Goubault.

Vous venez aux courses?

GOUBAULT.

Dame!

CLARA.

Nos voitures sont à votre disposition.

PAQUITTA, à Cagnard.

Tu ne vas pas nous quitter en si bon chemin?

CAGNARD, à part.

Elle me tutoie, tout comme Laure Michaud!

DUHAMEL, CAGNARD, GOUBAULT, et ROUSSEL, résolument.

C'est entendu, nous allons à la Marche. (Tout le monde remonte au fond.)

CAGNARD, qui remonte à la table.

Le verre du départ.

TOUS.

Au punch!

DUHAMEL.

Encore un mot!

TOUS.

Parle!

DUHAMEL.

Mes enfants... si tu veux que j'aille avec vous à la Marche, il faut que tu rentres tous au magasin, de ce pas... sinon, je vous quitte et je rentre tout seul, chez moi!

1. Édouard, Fernand, Edmond, Francine, Duhamel, Paquitta, Cagnard, Clara, Goubault.

FAANCINE.

Tu es dans le vrai, mon oncle... (Bas à Edmond.) Prenez un coupé, vous nous retrouverez là-bas...

EDMOND, à part.

C'est dit... (Haut.) Mon oncle, vos vœux sont accomplis, nous rentrons immédiatement.

FRANCINE, qui élève un verre.

A la fusion !

TOUS.

A la fusion ! (Des postillons paraissent, on entend un bruit de grelots.)

TOUS.

A la Marche ! à la Marche !...

DUHAMEL, au public.

Et notez que j'ai fait mon prix d'avance, le déjeuner, le champagne, le punch, la Marche tout ça pour mes cinq francs !

EDMOND, gaiement.

Allez à la Marche, mon oncle, et pour vous mettre en train je vais vous chanter la *ronde des courses.*

RONDE DES COURSES.

AIR : *Nouveau de M. Charles Lecocq.*

Hop. hop, hop, hop !
Le signal est donné,
Le cheval entraîné
Entre dans la carrière ;
Au plus hardi coureur
Atteignant la barrière,
Le profit et l'honneur.

I.

Ah ! voyez-les, tous ardents à la lutte,
S'encourageant et du geste et des cris ;
Dans le trajet plus d'un fait la culbute,
N'importe, il faut arriver à tout prix
Hop, hop, hop, hop,

II.

Tels, sur le turf de la galanterie,
On voit toujours et vaincus et vainqueurs.
Pour une femme, enjeu de la partie,
On peut compter dix gandins pour coureurs.
Hop, hop, hop, hop, etc.

III.

La vie, hélas!... est une vaste course
Où, chaque jour, lutte le monde entier,
Places, honneurs, jeux d'amour, jeux de bourse,
C'est à qui peut arriver le premier.

Hop, hop, hop, hop.
Le signal est donné
Le cheval entraîné
Entre dans la carrière ;
Au plus hardi coureur
Atteignant la barrière,
Le profit et l'honneur.

(Pour la ronde tout le monde descend à l'avant scène dans cet ordre : Édouard, Paquita, Fernand, Zoé, Francine, Edmond, Duhamel, Clara, Goubault, Mimi, Cagnard, Roussel, Bobin.)

ACTE TROISIÈME

Un boudoir très-élégant, tapissé, capitonné et confortablement meublé, porte à droite à gauche et au fond, la cheminée placée de face au public est surmontée d'une glace avec girandoles, garniture de cheminée vieux style, vases étrusques, entre chaque porte des jardinières remplies de fleurs et de mousse, sur une table en marquetterie une volière très-riche remplie d'oiseaux, fauteuils, ganache, pouff, tête-à-tête, chauffeuse, chaise longue, le feu est à la cheminée, une lampe allumée, est placée sur le guéridon opposé à celui de la volière, des bougies brûlent dans les candélabres. Le tête-à-tête est à droite premier plan, la table à côté, le pouff près de la table où Julia dresse le couvert.

SCÈNE PREMIÈRE

BOBIN et JULIA (1), Bobin, dans une toilette de valet de chambre de bonne maison est assis sur le tête-à-tête, Julia dresse une petite table de deux couverts.

1. Julia, Bobin, assis.

BOBIN, se levant.

Savez-vous bien que ce costume me va comme s'il avait été fait pour moi.

JULIA.

C'est celui d'un domestique que madame n'a pas gardé ; fort heureusement qu'il est à votre taille.

BOBIN.

J'ai été bien aise tout de même de quitter ma défroque de jokey. Je n'ai pas le jokey heureux, moi ! (Il se rassied.)

JULIA.

Et jusqu'à quelle heure allez-vous rester ici ?

BOBIN.

Tant qu'on voudra, je ne m'y déplais pas.

JULIA.

C'est donc que votre maître est un ami de madame.

BOBIN, en confidence, venant à l'avant-scène.

Non, c'est une connaissance de cabinet.

JULIA, étonnée.

De quel cabinet ?

BOBIN, en confidence.

Chut !... de cabinet particulier.

JULIA, étonnée.

Que me dites-vous là !! Ce n'est pourtant pas dans les habitudes de madame de se lier au restaurant, ni ailleurs ; du reste, Dieu merci, madame a assez de talent au théâtre pour n'avoir besoin de personne à la ville.

BOBIN.

Est-elle bonne personne, votre maîtresse ?

JULIA.

Trop excellente, elle aime à rendre service sans intérêt... tout ce qui est à elle est aux autres ; mais racontez-moi donc comment votre maître a connu madame, ça m'intrigue.

BOBIN.

Eh ben, comme je vous l'ai dit, c'est dans un déjeuner à la Maison-d'Or... de là nous sommes allés aux courses de la Marche, où monsieur qui était un peu... casquette, m'a fait monter Pétard, un anglais de race, qui m'a fichu par terre... monsieur a parié, a perdu soixante louis... Madame a voulu danser ; elle s'est donné une entorse... à ce qu'elle dit... et monsieur... de plus en plus casquette, a ramené ici madame... En quelques mots voilà la chose.

JULIA.

Je suis sûre que vous ne me dites pas tout...

BOBIN.

Parole d'honneur...

JULIA.

Je ne vous crois pas... Vous n'êtes pas gentil.

BOBIN.

De toutes les femmes qui ont un peu de goût, vous êtes la première qui osez dire que je ne suis pas gentil ; sachez, candide cameriste que je suis très-couru, très-recherché, on se m'arrache, et si vous m'aviez considéré plus attentivement, vous ne me diriez jamais que je ne suis pas gentil...

JULIA, qui rit.

Comme vous prenez feu, monsieur ! (Cherchant son nom.) A propos, comment vous appelle-t-on ?

BOBIN.

Dans la soierie, Bobin ; dans la cuisine, Gaspardo ; aux courses, quand je suis jokey et que je monte Pétard, Vent-du-Soir, et ici, dans cet appartement somptueux, quand je deviens valet de chambre, Jasmin !

JULIA.

Eh bien, monsieur Jasmin, vous êtes un fat !

BOBIN.

Je sais ce que je vaux, voilà tout. Je vais plus loin, jolie friponne, je suis persuadé que si je voulais chercher votre corde sensible je saurais sans peine la découvrir.

(Il la lutine.)

JULIA, énervée (1).

C'est trop fort.

BOBIN, qui lui prend la taille.

Si vous saviez ce que j'ai de tendresse dans le regard et dans la parole. (Il veut l'embrasser.) Laissez-moi vous dérober un seul baiser, rien qu'un et quand vous y aurez goûté vous

1. Bobin, Julia.

me direz : « Jasmin, mon chéri, j'y prends goût, redoublez-moi ça.

JULIA, étonné, s'échappant (1).

On ne vous jugerait pas ainsi au premier abord.

BOBIN.

Au premier abord, c'est probable ; mais au dernier c'est tout différent.

JULIA.

Et dire que tous les hommes ont la même idée en tête, écoutez-en un, vous les entendrez tous, vous n'avez donc pas d'autres occupations.

BOBIN, câlin et souriant.

Pourquoi êtes-vous si coquette et si parée ?... Pourquoi avez-vous ce je ne sais quoi qui grise et qui fait (avec passion.) Vous dire avec ardeur, avec franchise : je t'adore !... Pourquoi tout ça, dites, voyons.

JULIA, timide et confuse.

Je ne sais pas.

BOBIN, qui l'embrasse. Imitant la voix de Julia.

Je ne sais pas !... pour si peu, petite vipère. C'est pour plaire, pour charmer, pour captiver.

JULIA, qui se défend.

Voulez-vous bien finir ?

BOBIN.

Personne ne nous écoute. (Il tombe à ses pieds.) Veux-tu que je sois à toi ?

JULIA, effrayée.

Ah ! que vous êtes dangereux.

BOBIN.

Si tu me veux, prononce un oui bien doux.

JULIA, qui hésite.

Eh bien !

1. Julia, Bobin.

SCÈNE II

Les Mêmes, EDMOND, en tenue de ville, très-simple, mais de bon goût. Il surprend Bobin aux pieds de Julia. Il entre par la porte du pan coupé à droite.

EDMOND (1).

Oh pardon... Mais ne vous gênez pas, je vous en prie ? (Reconnaissant Bobin.) Comment, c'est encore toi.

BOBIN.

Oui, monsieur Edmond, c'est encore moi.

EDMOND.

Quelle livrée as-tu maintenant ?

BOBIN, avec hauteur.

Celle des domestiques du monde, monsieur Edmond.

EDMOND, riant.

Et que faisais-tu aux pieds de mademoiselle ?

BOBIN, cherchant une défaite.

Je lui demandais l'heure...

EDMOND, à part.

Si la maîtresse de la maison est ravissante, la soubrette a bien son prix... Peste, quels yeux. (Haut à Julia.) Monsieur Duhamel est-il encore ici, mon enfant ?

JULIA.

Monsieur Duhamel, c'est sans doute un vieux qui a un voile vert à son chapeau et qui tient mal sur ses jambes ? Monsieur, il est étendu sur un divan près du feu dans le salon. D'après l'ordre de madame, je l'ai enfermé pour qu'on n'aille pas le déranger et il dort... tout à l'heure on l'entendait d'ici....

EDMOND.

Et madame ?...

JULIA.

Madame est chez elle, elle repose ; elle m'a dit de préparer un couvert de deux personnes pour le cas où on aurait faim. J'attends son réveil pour savoir s'il faut servir le dîner.

EDMOND, à part (2).

Je ne prévois pas son projet, que peut-elle faire de mon

1. Julia, Edmond, Bobin.
2. Passant au n° 1. Edmond, Julia, Bobin.

oncle. (A Julia.) Veuillez dire à votre maîtresse que monsieur Edmond vient prendre près d'elle les instructions qu'elle voudra bien lui donner.

JULIA.

Monsieur Edmond qui... monsieur ?

EDMOND.

Ce seul nom lui suffira.

BOBIN.

Ou si vous l'aimez mieux, dites tout bêtement que le neveu de son oncle désire parler à madame.

JULIA, à part.

Il se passe ici quelque chose qui n'est pas naturel et dont il faudra que je sache le fin mot...

(Elle sort à droite, 2e plan.)

SCÈNE III

EDMOND, BOBIN.

EDMOND.

Et toi, que fais-tu là ?

BOBIN.

J'attends le réveil du lion.

EDMOND.

Et pour passer le temps, tu t'émancipes avec cette jolie fille ?

BOBIN.

Dam ! monsieur... je tâchais...

EDMOND.

Ah ! tu tâchais...

BOBIN.

J'avoue que la fripponne m'irait assez...

EDMOND.

Voyez-vous, ça...

BOBIN, d'un air fat.

Je crois qu'on fera ses frais.

EDMOND.

Dis-moi, qu'a dit mon oncle en arrivant ici ?...

BOBIN.

Il chantait la déesse du Bœuf gras et il a avalé toute une

grande carafe d'eau. Je lui ai retiré ses bottes, et, comme on dit vulgairement, il n'a pas tardé à casser sa canne.

EDMOND.

Et tu es sûr qu'il ne m'a pas reconnu, sous les traits du Moscovite le duc de Mangemoïlekoffre.

BOBIN.

Il a tout gobé de confiance.

SCÈNE IV

LES MÊMES, JULIA (1).

JULIA, accourant mystérieusement.

Monsieur, voici un billet que madame avait préparé pour vous, elle m'a chargée de vous le remettre et vous prie de suivre la marche qu'elle vous indique de point en point, elle a même ajouté que tout le succès de son entreprise, dépend de vous maintenant.

EDMOND, qui va lire.

Voyons...

JULIA.

Oh! pas ici, monsieur, j'ai l'ordre de vous congédier sur-le-champ. Le vieux ronfleur du salon s'est éveillé en criant qu'il se rôtissait les jambes près du feu, je lui ai ouvert, il a remis ses bottes et il est debout ; il est un peu moins insensé dans ses colloques qu'il ne l'était à son arrivée, mais il n'en est pas moins galant pour cela, près de madame. Heureusement qu'elle sait le remettre à sa place quand il va trop loin.

BOBIN, avec finesse.

Êtes-vous aussi cruelle ?

JULIA.

Vous, je vous déteste... (courant à la porte de droite 2e plan.) J'entends des pas, ce doivent être eux. (à Edmond.) Partez tout de suite, monsieur (2).

EDMOND, qui lui glisse une pièce dans la main.

Merci ! (Il sort très-pressé.)

1. Edmond, Julia, Bobin.
2. Bobin, Edmond, Julia.

SCÈNE

BOBIN, JULIA, puis FRANCINE et DUHAMEL.

JULIA, surprise (1).

Un louis?... C'est donc un homme du monde?

BOBIN.

C'est le premier commis de la ville de Tours.

JULIA.

Un calicot qui donne 20 francs.

BOBIN.

C'est qu'il a été très-bien élevé il est de bonne famille, tel que vous le voyez, il a déjà dévoré un superbe patrimoine en plaisirs élégants de toute sorte, et avec des femmes en réputation encore. Naturellement, ça l'a rendu gentilhomme avec tout le monde ; ainsi, avec moi-même, lorsqu'il lui arrive de me lancer un coup de pied dans... l'endroit... consacré... vite il allonge du même coup une pièce de 10 sous ; comme ça. plus d'une fois, je me suis fait avec lui jusqu'à 4 francs dans la même journée.

(Duhamel paraît à droite 2e plan, donnant le bras à Francine.)

DUHAMEL.

Appuyez-vous sur mon bras?

FRANCINE.

Je craindrais de vous fatiguer.

DUHAMEL.

Et cette maudite entorse ?

FRANCINE.

Je vais beaucoup mieux. (Elle va s'asseoir sur le tête à tête.) Et vous même, mon ami, comment vous trouvez-vous... Poussez ce pouff jusqu'ici et venez vous reposer devant moi, que je vous voie tout mon content.

DUHAMEL, ému.

Comment donc, mais avec empressement. (A part.) Que c'est bien la femme essentiellement moderne? Aux courses, elle était bruyante, pétulante, animée... ici, elle est douce et pai-

1. Bobin, Julia.

sible, l'intimité la rend tendre et sentimentale... Ah! Duhamel, pourquoi t'es-tu marié si tôt?

(Il s'assied sur le pouff qu'il a poussé près du tête-à-tête.)

BOBIN.

Eh bien, patron!... comment la passez-vous à cette heure?...

DUHAMEL, se levant (1).

Te voilà... c'est bien... toujours sur la brèche, c'est d'un bon cœur et d'un serviteur dévoué, sois tranquille... mais, et toi, mon garçon, et ta chute de cheval?

BOBIN.

Je n'y pense plus, c'est sec...

DUHAMEL, bas à Bobin.

J'ai comme du plomb dans la tête.

BOBIN.

La gorge brûlante et l'humectation difficile, les jambes flageollent, et vous auriez reçu une bonne tripotée que vous ne seriez pas plus courbaturé.

DUHAMEL.

C'est bien ça!

BOBIN.

C'est clair, vous aviez votre plumet.

DUHAMEL.

Que veux-tu dire?

BOBIN.

Si vous aimez mieux, vous étiez paf.

DUHAMEL.

C'est bien possible! (A part.) A-t-il de l'intelligence ce galopin-là, et comme il connaît le corps humain. (En confidence. C'est vrai, entre nous, que j'étais un peu en riole.

FRANCINE, à Duhamel.

Duhamel, mon chien aimé, vous en dites bien long à ce garçon, tandis que moi je suis là, isolée... revenez donc à mon côté. (Duhamel va s'asseoir à côté d'elle.) C'est seulement dans cette intimité mon Abuffard que je sens la puissance de votre sexe sur le mien.

1. Bobin, Duhamel. Francine, assise, Julia, derrière le tête à tête, causant bas avec sa maîtresse.

DUHAMEL, à part.

Et moi donc !...

FRANCINE, à Julia.

Julia, servez le dîner.

DUHAMEL.

Le dîner... C'est que je n'ai guère faim.

FRANCINE.

Vous respirerez seulement le fumet du menu... cela soutient toujours un peu.

BOBIN.

Et puis, pour votre gastrite, ça n'est pas indigeste.

FRANCINE, à Julia.

Allez ! (A Bobin) et vous, secondez Julia de votre mieux.

BOBIN.

Oui, madame.

FRANCINE, bas à Julia.

Surtout n'oublie pas mes recommandations.

JULIA, de même.

Non, madame.

(Julia et Bobin sortent par le pan coupé à droite.)

SCÈNE VI

DUHAMEL, FRANCINE.

FRANCINE, la tête toujours nonchalamment appuyée sur l'épaule de Duhamel.

Mon ami, je me berce de cette espérance que l'avenir nous ménage à tous deux, un sort bien doux. Voulez-vous alors me permettre de vous ouvrir mon âme tout entière pour que vous me connaissiez mieux avant de m'aimer davantage.

DUHAMEL.

Je vous écoute avec extase.

FRANCINE.

C'est l'historique de mon passé que je vais parcourir, cher ami. Si dans le cœur du récit, que je vais vous faire, vous surprenez une larme sur mon visage, laissez-la sillonner, c'est si bon de pleurer quand on se souvient des jours de candeur et d'innocence.

DUHAMEL.

Parle, ma Francine, parle. (A part.) Comment ne pas être fou ?

FRANCINE.

Des raisons de famille, un navire qui a sombré et sur lequel j'étais restée orpheline à l'âge de 16 ans, m'ont attaché à la carrière du duc de Mangemoïlekoffre, qui après m'avoir sauvée du naufrage dans lequel je venais de perdre les miens, me donna une instruction et une éducation de grande dame.

DUHAMEL.

Dont vous avez admirablement sû profiter.

FRANCINE.

Si le duc m'a élevée avec autant de soins, c'est qu'une pensée coupable dominait ses instincts.

(Elle baisse les yeux.)

DUHAMEL, ému.

Pauvre enfant !

FRANCINE.

C'est à lui que je dois mon palissandre, mes dentelles de Chantilly, mon panier-chaise, mes poneys et les diamants dont je suis parée.

DUHAMEL.

C'est horrible.

FRANCINE.

Abuffard, je vous l'ai caché jusqu'ici ; mais je veux vous l'avouer... C'est ce duc que nous vîmes à La Marche ce matin ; il vous a pris pour l'un de mes parents. Sans cela, il vous eût massacré, Abuffart. Cet homme... jaloux comme un chacal de l'Orient, me fait peur.

DUHAMEL, attendri.

Pauvre amour !

FRANCINE.

C'est surtout depuis que je vous connais, depuis que je vous aime qu'il me semble monstrueux... Ah ! je suis bien cruellement éprouvée, Abuffard.

DUHAMEL.

Mais que puis-je faire pour vous. (Francine sanglotte.) Dis, ma louloute, mon petit potage au lait, que puis-je faire pour toi,

(Il l'embrasse au front.)

FRANCINE, bas et le fixant du regard.

Je ne sais pas...

DUHAMEL, qui l'embrasse de nouveau.

Saperlipopette. (Il la quitte et traverse le théâtre avec agitation) (1). Je sens qu'un autre homme se réveille en moi. (Avec chaleur.) Francine, je suis à toi, parle, que faut-il que je fasse, et je te promets que je le ferai ?

FRANCINE, langoureuse et minaudière.

Est-ce que je sais, moi : par exemple, voulant m'arracher à mon tyran, ne pourriez-vous soutenir mes pas dans la vie à l'aide de ressources sérieuses, que je pourrais puiser dans votre amitié ?... Dans ce cas, dès ce soir, je romprais avec cet être hideux et je viendrais à vous, remplie de reconnaissance. Ah ! Duhamel, s'il en était ainsi, vous auriez commis une action sublime dont notre époque vous saurait gré.

DUHAMEL, à lui-même.

Tendre la main à la fille tombée, la relever aux yeux de tous, c'est en effet une action dont mon pays me serait reconnaissant.

FRANCINE.

Qu'en dites-vous ?

DUHAMEL.

Francine, vous m'avez inspiré un sentiment magnanime. (Il se rassied.)

SCÈNE VII

LES MÊMES, JULIA, puis BOBIN.

JULIA, porte une petite soupière qu'elle pose sur la table et dit avec anxiété à Francine, assez haut pour être entendue de Duhamel.

Madame... Madame... Madame... Vous êtes perdue !

FRANCINE, à Duhamel, vivement.

Perdue ?... Qu'y a-t-il ?

DUHAMEL, qui se relève.

Répondez-donc ?

1. Duhamel, debout, Francine, assise.

JULIA.

Madame, monseigneur le duc de Mangemoïlekoffre est au salon.

DUHAMEL, avec indignation.

Lui !

FRANCINE, comme désespérée.

Est-ce possible ?

JULIA.

Monseigneur, madame, n'est plus reconnaissable, il bat les fauteuils avec sa canne, il a brisé les vieux Sèvres et les bibelots de l'étagère de madame, il tempête, il voulait entrer ici ; mais je m'y suis opposée. Madame connaît monseigneur, d'un moment à l'autre il peut fondre sur madame et sur monsieur et dans sa fureur les tuer tous les deux.

FRANCINE, avec désespoir se levant.

Mon ami, sauvez-moi, sauvez-moi !

DUHAMEL, FRANCINE et JULIA, ensemble avec éclat (1).

Ah ! mon Dieu...

BOBIN, entre, tenant deux bouteilles et un petit pain couronne (2).

Est-ce qu'il y a quelque chose de cassé ! (Il se débarrasse de ce qu'il apporte.) Quelle figure vous avez tous.

JULIA, qui a été regarder au fond du théâtre, pan coupé à droite.

Le voilà qui se dirige de ce côté, sauve qui peut... (Elle va pour sortir.)

FRANCINE, qui la retient (3).

Reste, je t'en prie, devant toi, peut-être, sera-t-il moins féroce... (A Duhamel.) Et vous, cher ami, entrez dans ce petit salon, et, à la grâce de Dieu.

(Elle va ouvrir la porte du premier plan à gauche) (4).

DUHAMEL.

Mais !...

(L'orchestre joue en sourdine le motif : Bu qui s'avance.)

FRANCINE.

Dépêchez-vous, je l'entends qui s'avance.

1. Julia, Duhamel, Francine.
2. Julia, Bobin, Duhamel, Francine.
3. Francine, Bobin, deuxième plan, Duhamel, Julia toujours à la porte.
4. Bobin, deuxième plan, Edmond, Francine, Julia, deuxième plan.

BOBIN, effrayé.

Je vais avec vous, patron.

(Duhamel est entré dans le cabinet. Francine repousse aussitôt la porte sur lui et dit à Bobin.)

FRANCINE.

Trop tard. (Puis avec son doigt qu'elle place sur sa bouche, elle ajoute : Chut !... (Edmond paraît au pan coupé de droite.)

SCÈNE VIII

LES MÊMES, EDMOND.

EDMOND, entrant. Il vient à petits pas près de Francine qui lui dit bas toujours avec la musique de Bu qui s'avance à l'orchestre.

FRANCINE, à mi-voix.

Vous connaissez les *Jocrisses de l'Amour?*

EDMOND, de même.

Du Palais-Royal ?

FRANCINE.

Oui... eh bien, jouez la scène du Russe...

EDMOND.

Bien ! (Il retourne à la porte d'entrée, ici l'orchestre cesse.)

BOBIN (1).

Qu'est-ce que tout cela ça signifie ?

FRANCINE et JULIA, à Bobin.

Chut !...

FRANCINE, à Edmond, bas.

Entrez... commencez...

JULIA.

Bien furieux, monsieur.

FRANCINE.

Fendez le parquet avec vos talons, ne craignez rien.

EDMOND, éclatant.

Enfin, madame, je vous aborde.

FRANCINE.

Me cherchiez-vous donc, mon ami ?

EDMOND.

Il n'y a pas de mon ami, vous m'avez fait attendre dans

1. Bobin, Duhamel, Francine, Julia.

votre salon, où je me gelais les pieds, tandis que vous étiez enfermée ici avec je ne sais qui !

FRANCINE, fière et dédaigneuse.

Monseigneur, vous m'offensez.

EDMOND.

Cela m'est bien égal... ne niez pas, et alors tout sera fini tout de suite...

FRANCINE, même jeu.

Mais, monsieur, mon honneur m'oblige à nier.

JULIA.

Oui, monsieur, notre honneur...

EDMOND.

Et vous, là bonne, silence !

BOBIN, qui rit.

En voilà une drôle de comédie.

FRANCINE, JULIA et EDMOND, s'adressant à Bobin.

Chut !...

EDMOND.

Voici une lettre que je reçois d'un honnête anonyme, il m'y est dit que tout en continuant d'accepter mes bienfaits, vous donnez toute votre âme à je ne sais quel courtaud de boutique de la rue des Bourdonnais.

BOBIN, bas à Edmond.

Dites-donc, mais le courtaud c'est le patron.

EDMOND, FRANCINE et JULIA.

Chut !...

FRANCINE.

Encore une fois, monseigneur, vous m'offensez et je ne puis croire qu'un gentilhomme de votre souche puisse persister plus longtemps dans une voie aussi contraire à l'honneur du blason qu'il porte... Si vous deviez m'accabler plus longtemps, je vous demanderais la permission de me retirer, car je me sens souffrante.

EDMOND.

Eh quoi! j'apprends que l'homme qui vous promenait aujourd'hui à La Marche et auquel vous donniez si ouvertement tant de preuves d'amour, cet homme n'était pas votre cousin...

FRANCINE, bas.

Vous êtes superbe. (Indiquant la porte par laquelle Duhamel est sorti.) Il est là...

EDMOND, éclatant.

Madame, je vais retourner à Odessa...

BOBIN, bas.

Qu'est-ce que vous allez faire par là ?

JULIA, bas.

Mais taisez-vous donc, bavard.

EDMOND.

Je suis persuadé que votre amant est caché ici, livrez-le-moi que je le hache.

FRANCINE.

Monseigneur, permettez-moi de refuser, une honnête femme ne permet jamais les soupçons qui la blessent, elle ne descend pas jusqu'à la justification toujours au-dessous de sa conscience et de sa dignité.

EDMOND.

C'en est trop, madame. Si vous ne m'autorisez pas à entrer dans cette pièce. (Il frappe sur la porte.) Je vous quitte pour ne plus vous revoir, je vous abandonne à votre malheureux sort, vous laissant en proie à la férocité des créanciers qui vous poursuivent et qui n'auront plus aucune pitié pour vous quand ils sauront que je suis retourné à Odessa... répondez, ou je vais ouvrir.

FRANCINE, allant se placer devant la porte (1).

Alors, vous tuerez. (On entend du bruit derrière la porte.)

FRANCINE, éclatant de rire.

Ah ! le maladroit !

BOBIN et JULIA, répétant.

Le maladroit !

EDMOND.

Avez-vous entendu ce heurtement de meubles ?

JULIA, s'approchant (2).

Monsieur, il y a, en effet, quelqu'un dans ce salon, mais c'est mon père.

1. Francine, Edmond, Bobin, Julia.
2. Francine, Edmond, Julia, Bobin.

EDMOND.

Votre père ! et que vient-il faire ici ?

JULIA.

Il est frotteur de son état et il vient pour frotter.

EDMOND.

A neuf heures du soir ?

BOBIN.

Il a la vue basse c't' homme, il ne peut travailler que la nuit.

EDMOND.

Madame, je n'avale pas celle-là !

BOBIN.

Vous avez tort, elle est cependant bonne.

SCÈNE IX

LES MÊMES, DUHAMEL, en bras de chemise, une brosse, à frotter aux pieds, un bâton avec cire à la main, il entre en frottant la scène et sans regarder aucun des personnages, tout le monde rit sous cape.

FRANCINE, à Edmond qui est près de la porte du fond (1).

Cette nuit soyez au bal de l'Opéra. C'est là que nous enlèverons la place d'assaut.

EDMOND.

Quel costume aurez-vous ?

FRANCINE.

Je vous trouverai !

EDMOND.

J'y serai. (Francine tombe accablée sur la causeuse.)

BOBIN, qui rit aux éclats.

Ah ! ah ! ah !

FRANCINE, EDMOND, JULIA et DUHAMEL, regardant Bobin.

Chut !...

EDMOND, reprenant son rôle.

Adieu donc pour la vie, madame, vous ne me reverrez plus.

1. Duhamel à l'avant-scène frottant, Francine, Edmond, Julia, Bobin, presque au fond.

DUHAMEL, à part.

Bon voyage!

EDMOND.

Je vais à Odessa, à Odessa, à Odessa. (Il sort en cognant les portes avec fracas; Julia le suit.)

SCÈNE X

LES MÊMES, moins EDMOND et JULIA.

FRANCINE, à Duhamel.

Il est parti.

DUHAMEL, qui frotte toujours.

En êtes-vous bien sûre?

FRANCINE.

Je vous le jure.

DUHAMEL, se reposant.

Ah! je commençais à avoir chaud... si je devais apprendre un état, ce n'est pas celui de frotteur que je choisirais, ça vous brise un homme.

FRANCINE.

Ah! mon ami, laissez-moi vous remercier de votre dévouement.

DUHAMEL.

Vous le voyez, je vous sauverais même au péril de ma vie. (Il veut courir près de Francine et trébuche empêché par la brosse.)

FRANCINE, pleurant.

Ah! mon ami, je suis perdue, bien perdue...

DUHAMEL.

Mais non... mais non... ne suis-je pas toujours là, moi?.. (Il secoue la jambe pour se débarrasser de sa brosse.)

BOBIN.

Il a l'air d'un hanneton qui a un fil à la patte... (Il lui ôte sa brosse.)

DUHAMEL.

Merci Bobin... va me chercher ma botte et mon habit dans ce salon.

BOBIN.

Oui, patron. (Il prend tout ce que Duhamel lui donne et sort par la porte de l'appartement dans lequel Duhamel était caché.)

SCÈNE XI

DUHAMEL, FRANCINE.

FRANCINE.

Eh! bien, mon ami, me voila abandonnée, jetée sur le pavé, exposée à tous les dangers et sans défense contre toutes les séductions.

DUHAMEL.

Mais non, mais non! que diable! voyons, entre nous, de quoi s'agit-il? est-ce une question de cœur qui vous domine? (Il s'assied près de Francine.)

FRANCINE.

Oh! non!...

DUHAMEL.

Ce n'est alors qu'une misérable question pécuniaire?

FRANCINE.

Hélas!

DUHAMEL.

Hélas oui! ou hélas non?

FRANCINE, hésitant.

Hélas oui!

DUHAMEL.

Eh bien! mais nous pourrons peut-être nous entendre, je n'ai pas absolument repoussé l'ouverture que vous m'avez faite tout à l'heure. Voyons, causons à deux, bien à deux, loin des importuns et des indiscrets, voulez-vous?...

FRANCINE, le repoussant légèrement.

Écoutez, Abuffard, je sens que si je pleurais un peu, je serais soulagée. Partez, partez, je veux rester seule avec ma douleur, je veux souffrir à mon aise; si vous ne me revoyez plus, souvenez-vous toujours que je vous aimais si bien et si fort que cela m'a coûté (avec sanglots), m'a couté la vie...

DUHAMEL.

Que dit-elle!... mourir!... vous pensez à mourir, mais je ne le veux pas, vous vivrez, quand ça devrait me coûter... (A part.) Combien ça pourrait-il bien me coûter au fait...

FRANCINE, lui prend la main et la lui baise.

Allez vous en, le spectacle de mon désespoir n'a aucun intérêt pour vous, mon ami, allez, allez! (A part.) Julia tarde bien à venir.

DUHAMEL, à lui-même, se levant et gagnant la gauche de la scène.

En somme, si cette chère enfant en est réduite à craindre l'adversité, c'est à moi qu'elle pourrait s'en prendre, car c'est à ma présence ici qu'il faut attribuer le départ du Russe pour Odessa et les larmes qu'elle verse... Allons donc! je ne puis pas accepter que les choses se passent ainsi... Qu'elle est jolie, regardez-moi cette attitude... observez-la!... on serait de marbre ou d'airain que l'on se sentirait volcanisé!... Elle m'a embrassé la main gauche... ses lèvres roses ont effleuré cette place-là, respect aux reliques de l'adoration... (Allant à Francine.) Que vous êtes donc belle! (Il vient se rasseoir près de Francine.)

SCÈNE XII

LES MÊMES, JULIA.

FRANCINE, à part apercevant Julia.

Enfin, la voici...

JULIA (1).

Je regrette bien de venir déranger madame; mais c'est quelqu'un qui veut absolument une réponse ce soir.

FRANCINE, qui a placé sa main dans celle de Duhamel.

Qu'est-ce?

JULIA.

Je ne sais si je dois, devant monsieur...

FRANCINE.

Tu peux.

DUHAMEL.

Vous pouvez...

JULIA.

C'est l'huissier de l'autre jour, celui qui avait accordé une quinzaine à madame. Il dit qu'elle est expirée et que les meubles de madame, ses brillants et ses toilettes seront vendus après demain, à la criée, si madame ne paye pas ce soir ou demain matin, au plus tard.

1. Julia, Duhamel, assis, Francine, assise.

FRANCINE.

C'est fini... vous l'entendez, demain matin, j'aurai le pavé pour asile, la faim, le froid et la douleur pour perspective! Que je suis malheureuse!... que je suis malheureuse!...

DUHAMEL, avec éclat.

Eh! bien, non, cet animal là ne vendra pas vos meubles, vous resterez chez vous, bien chaudement auprès de votre feu où l'on viendra vous dorlotter de temps en temps. (Avec abandon). Veux-tu.

FRANCINE.

Oh! oui.

DUHAMEL, se levant.

Où est la note de cet huissier?

JULIA.

La voici, monsieur.

DUHAMEL.

Et les titres?

JULIA.

On les recevra quand on payera.

DUHAMEL.

Voyons donc, voyons donc, ça se monte à... Ah! mais c'est un relevé de factures avec détails, le chiffre total seul m'intéresse. (Lisant.) Total... total... 16,653 francs, tiens, tiens!

FRANCINE, qui le suivait de l'œil, poussant un cri.

Ah!...

DUHAMEL.

Eh bien, quoi... 16,653 francs... une bagatelle! (Se fouillant.) Ah! que je suis bête, je n'ai que mes cinq francs. (Julia a été prendre ce qu'il faut pour écrire.) La bonne, donnez-moi de quoi écrire.

JULIA, aussitôt.

Voilà, monsieur.

DUHAMEL.

Servi aussi vite que la parole, il n'y a qu'ici qu'on voit cela, prête-moi ton dos... (Julia se retourne, Duhamel appuie sur son épaule le papier pour écrire; Julia rit sous cape et son mouvement empêche Duhamel d'écrire, Duhamel lui dit :) Ne bouge donc pas; la... signé Duhamel, soieries, rue des Bourdonnais, nº 9, payable à ma caisse tous les matins, avant dix heures, resigné Duhamel. (A Julia.) Et maintenant demandez à cet animal s'il veut prendre cette acceptation. (Il remet la note à Julia.)

JULIA, en sortant.

Bien, monsieur! (Elle sort en courant.)

SCÈNE XIII

LES MÊMES, moins JULIA.

DUHAMEL, à Francine.

Êtes-vous contente de moi... mon Dieu, ce n'est pas plus difficile que çà... (Francine se jette à son cou.)

FRANCINE.

Ah! Abuffard... Abuffard! quel dommage que tu sois marié et père de famille, quel dommage que tu ne puisses pas être à moi, je t'aurais épousé, mais à quoi bon tous ces beaux rêves, ta vie est enchaîné à celle d'une autre; il faut nous résigner n'est-ce pas?

DUHAMEL, qui veut l'embrasser.

Nous résigner, nous résigner!...

FRANCINE, changeant de ton.

Quel âge a votre demoiselle, mon ami!

DUHAMEL.

Mais je ne me souviens plus au juste.

FRANCINE.

Et madame Duhamel, il paraît qu'elle vous adore, je comprends cela du reste.

DUHAMEL, stupéfait.

Pourquoi diable me parle-t-elle de ma femme et de ma fille à présent?

SCÈNE XIV

LES MÊMES, JULIA, puis BOBIN.

JULIA, rentrant (1).

Monsieur, l'huissier a dit qu'il acceptait.

1. Duhamel, Julia, Francine.

DUHAMEL (1).

C'est bien. (A Francine.) Chère amie, si nous dinions maintenant, il me semble que nous aurions quelque chance de n'être plus dérangés.

JULIA.

C'est que le potage est froid, monsieur.

FRANCINE, qui a pris le bras de Duhamel et l'a amené à l'avant-scène.

Croyez-vous donc que je veuille célébrer notre premier lien d'amitié sérieuse, avec un dîner qui a refroidi, j'ai des goûts plus en harmonie avec le sentiment que vous m'avez inspiré. Je vous autorise à me conduire cette nuit au bal masqué de l'Opéra...

DUHAMEL, étonné.

Moi? à l'Opéra, y pensez-vous? mais je n'ai pas une tenue en rapport avec le bal de l'Opéra.

FRANCINE.

Vous louerez un costume chez le premier Babin venu.

DUHAMEL.

Est-ce que cela vous fera bien plaisir?

FRANCINE.

Je vous en prie.

DUHAMEL.

Alors, va pour le bal de l'Opéra, si encore Cagnard et Goubault avaient su cela, ils y seraient sans doute venus... et ma présence en leur compagnie aurait été moins remarquée.

FRANCINE.

Que cela ne vous inquiète pas, Clara, Paquitta, Mimi et Zoé ont dû décider ces messieurs à les y accompagner.

DUHAMEL.

Vous croyez qu'elles y seront?

FRANCINE.

Elles n'en manquent pas un.

BOBIN, qui entre avec une botte, un habit et un chapeau.

Patron, voilà votre garde-robe, j'ai retiré votre voile.

1. Juliá, Duhamel, Francine.

FRANCINE.

Julia, viens m'habiller. (Elles sortent à droite, deuxième plan.)

DUHAMEL.

Viens m'aider à passer cela. (Bobin lui passe son habit, puis il va s'asseoir sur le tête-à-tête pour remettre sa botte, aidé par Bobin.) Mon pied est gonflé.

BOBIN.

C'est le frottage.

DUHAMEL, qui a mis sa botte.

Voilà ce que c'est.

BOBIN.

Vous ne dînez donc pas, patron?

DUHAMEL (1).

Non, cette nuit, en sortant du bal de l'Opéra, où je vais aller, je souperai à la Maison-d'Or.

BOBIN.

Vous allez au bal masqué?

DUHAMEL.

Oui, mais surtout, pas un mot.

BOBIN.

La tête sur le billot, c'est entendu... alors, patron, vous m'emmenez avec vous?

DUHAMEL.

Toi, par exemple! non. (Après un moment de réflexion.) Au fait, si je t'emmène, tu me servira de factotum, de cicérone.

BOBIN.

De cornac.

DUHAMEL.

Je vais t'offrir un déguisement.

BOBIN.

Quelle chance!

FRANCINE, bas à Julia, entrant; elle est en domino noir.

Quand nous serons partis, tu te procureras un domino et tu viendras nous rejoindre à l'Opéra, j'aurai besoin de toi, tu me reconnaîtras à la rose blanche de mon capuchon.

JULIA (2).

Bien madame! (A Bobin.) Vous allez à l'Opéra? moi aussi!

1. Bobin, Duhamel.
2. Bobin, Julia, Duhamel, Francine.

BOBIN.

Me prenez-vous pour cavalier?

JULIA, à elle-même.

Au fait! (Haut.) Oui.

FRANCINE.

Des gants! (Julia va les prendre sur la cheminée du fond.)

JULIA (1).

Voilà madame.

DUHAMEL.

Et toi, suis-nous à distance.

FRANCINE.

Votre bras, cher ami?

DUHAMEL, empressé.

Voilà, et maintenant à l'Opéra.

TOUS.

A l'Opéra.

CHOEUR.

AIR : *Nouveau de M. Lazard.*

Partons, le plaisir nous appelle,
Allons passer la nuit au bal,
De la joyeuse ritournelle
J'entends le signal.

ACTE QUATRIÈME

LE BAL DE L'OPÉRA

Le couloir avec l'étage supérieur praticable. — Au lever du rideau des huissiers en tenue de bal sont aux deux portes de droite pour ne laisser pénétrer dans le foyer que les dominos et les costumes de ville. — Le théâtre est littéralement rempli de monde. On achève un quadrille. L'étage supérieur est également rempli de masques et de promeneurs.

SCÈNE PREMIÈRE

LA FOULE dansant BOUTURE en costume d'huissier.

BOUTURE, avec indignation s'adressant à un domino qui lève la jambe en l'air.

Mademoiselle c'est honteux, c'est scandaleux, danser de

1. Bobin, Duhamel, Francine, Julia.

la sorte à l'Opéra, dans le temple de la sublime musique. (Le quadrille continue.) Voulez-vous bien vous taire, femme égarée que vous êtes. (Le domino et son vis-à-vis se livrent aux plus grandes excentricités de la danse.) Je n'y tiens plus... (Au public.) Si j'osais, je la ferais incarcérer... (Le quadrille fini, tout le monde s'éloigne.) Me reconnaissez-vous ? je suis Bouture ; figurez-vous que je suis ici par intérim et pour gagner sept francs... c'est en dehors de ma spécialité de tenue des livres, mais ça fait bouillir la marmite. (Il sort.)

SCÈNE II

MIMI, ZOÉ, PAQUITTA, puis FERNAND, ÉDOUARD et EDMOND, en travestissements de très-bon goût.

ZOÉ (1).

Que sont devenus nos vieux coqs.

MIMI.

Nos bisaïeuls, Cagnard et Goubault ? ils sont au buffet.

PAQUITA.

Ils y ont pris racine.

ZOÉ.

Ne nous inquiétons pas d'eux, ils nous retrouveront toujours, dussent-ils nous faire afficher avec belle récompense.

PAQUITTA.

Ils n'ont pas souvent la main sur de pareilles occasions.

ZOÉ.

Ils sont bien amusants, Goubault m'a déjà demandé combien je dépensais par an.

PAQUITTA.

Et Cagnard qui m'a proposé d'aller habiter ensemble une île escarpée. Il m'a offert d'y cultiver des cocos, des grenades et des cannes à sucre.

ZOÉ, railleuse.

Et tu as refusé ?

MIMI.

Tu l'as envoyé à la balançoire ?

1. Zoé, Paquita, Mimi.

PAQUITTA.

Mon Dieu! oui, j'ai fait cette boulette. M'enrichir dans la canne à sucre avec Cagnard pour perspective... ça ne m'a pas ébranlée.

MIMI.

Ils raffollent de nous, il est vrai que nous sommes assez jolies. (Elles se démasquent toutes trois.)

TOUTES TROIS, se regardant mutuellement.

Comment me trouves-tu? (Après un temps.) adorables!...

FERNAND, ÉDOUARD et EDMOND, qui viennent à pas de loups, les prendre par la taille et les embrasser sur le cou.

A croquer (1)...

TOUTES TROIS, surprises.

Ah!...

ZOÉ, se remettant.

J'ai cru que c'était Goubault.

MIMI, de même.

Et moi, Roussel.

PAQUITTA de même.

Et moi, Cagnard.

EDMOND.

Nous vous avons fait peur?

TOUTES TROIS.

Au contraire.

EDMOND.

Alors nous pourrions recommencer.

TOUTES TROIS.

Pourquoi pas?

MIMI.

Ah! ça me direz-vous ce que sont devenus Duhamel, Francine et Clara... je ne les vois ni l'un ni l'autre.

EDMOND.

Mademoiselle Francine ne peut manquer de venir, elle m'a donné rendez-vous ici, c'est elle qui doit me trouver, j'attends avec confiance.

FERNAND.

Clara par un mot au crayon m'a également invité à venir la prendre à cette place du bal.

1. Zoé, Fernand, Paquitta, Edmond, Mimi, Édouard.

PAQUITTA, railleuse.

Francine s'est peut-être oubliée dans les délices d'un tête-à-tête avec votre oncle, mon cher Edmond. (A l'entrée de Clara, Edmond s'éloigne et se perd dans la foule.)

SCÈNE III

LES MÊMES, CLARA, masquée en domino très-élégant, elle donne le bras à Goubault et à Cagnard qui semblent très-empressés près d'elle, tous deux sont en noir; ils tiennent leurs faux nez à la main. Ils viennent de gauche.

EDMOND, vivement.

Chut... voici Cagnard et Goubault.

TOUS.

Évitons-les...

PAQUITTA.

Écoutons ce qu'ils vont dire.

FERNAND.

Quel est le domino qui est avec eux?

TOUS.

Chut donc... (Ils vont au fond, se remasquent et écoutent.)

CLARA, descendant le théâtre en s'appuyant sur les bras de Cagnard et de Goubault (1).

Convenez qu'il me serait difficile de vous répondre favorablement à tous deux, vous me demandez absolument la même faveur.

CAGNARD, bas à Clara.

Il a ici une femme avec lui. Ne l'écoutez pas.

CLARA, de même.

Et vous?

CAGNARD, embarassé.

Moi... moi, je ne tiens pas plus à la mienne qu'à mon habit de noces.

MIMI, qui a entendu.

O la vieille canaille!

CLARA.

Vous êtes donc marié.

1. Goubault, Clara, Cagnard.

CAGNARD, plus embarassé.

Non... mais mon habit de noces, c'est un mot qui se dit.

GOUBAULT, qui entraine Clara.

N'écoutez pas mon copin... c'est un scélérat... si vous voulez me croire, vous irez m'attendre tout à l'heure au vestiaire.

CLARA.

Entre deux parapluies, avec un petit numéro au cou.

GOUBAULT.

Je vous suivrai de près et nous irons...

CLARA.

Souper ensemble peut-être?

GOUBAULT.

Tu l'as dit.

CLARA.

Et la dame que vous avez amenée ici?

GOUBAULT.

Elle ne compte pas, d'abord ce n'est pas une dame, c'est un bibelot, un tonton.

PAQUITTA, à part.

Vieille chauffrette, va!

CLARA, plus haut.

Convenez que vous ne valez pas le diable l'un et l'autre. Comment deux négociants sérieux, toi Cagnard et toi Goubault.

TOUS, surpris (1).

Hein! (Tous se rapprochent.)

CLARA.

Vous avez choisi dans la foule deux petites femmes charmantes que vous avez poursuivis de galanterie aussi usées que vos perruques, votre verve émoussée depuis longtemps déjà, vous a attiré leurs joyeuses moqueries, alors vous avez cru pouvoir retomber sur moi, espérant que j'allais écouter vos propos grotesques et vos velléités surannées... vous vous être fourvoyés mes bons, et si j'ai un conseil à vous donner

1. Goubault, Clara, Cagnard. Les autres, deuxième plan, écoutant.

pour rien, c'est de bien vite remettre vos faux nez et de chercher ailleurs d'autres amours que les miennes. J'ai mes pauvres!... et je n'en change pas... (Elle remonte.)

TOUS.

Bravo... le domino blanc, bravo!

CAGNARD, à Goubault (1).

Que dis-tu de ça, toi? elle nous a habillés de taffetas pour quinze sous.

GOUBAULT.

Le fait est qu'elle a la langue solidement attachée. Je crois que nous ferions bien de remettre nos faux nez.

CAGNARD.

Ça ne peut pas nous nuire. (Tous les personnages du fond entourent Clara.)

FERNAND, à Clara qu'il amène à l'avant-scène.

Clara! Je vous ai reconnue.

CLARA, qui retire son masque.

Alors, embrassez-moi si le cœur vous en dit.

TOUS.

Clara.

CLARA, reprenant le milieu.

Oui, mes trésors. C'était moi. Je viens de me prendre un peu de bec avec ces messieurs, ça m'a creusée, pour le souper.

CAGNARD.

Dis donc, c'était Clara.

GOUBAULT.

Ah! coquine... (Il veut lui prendre la taille.)

CLARA.

Ne touchez pas, horreur que vous êtes (2).

AIR : *de Barbe-Bleue.*

On consent à vous admettre
Dans notre *socilliété,*
Et vous osez vous permettre
La moindre infidélité.
Il faut, honteux de sa trahison,

1. Goubault, Cagnard, les autres, Fernand, Clara.
2. Goubault, Cagnard, Clara, Zoé, Mimi, Paquita, Fernand, Édouard

Que chacun de vous s'incline,
Et qu'il courbe son échine,
Pour implorer son pardon.

CAGNARD, à Mimi qui vient près de lui.

Tiens, comme ça se trouve, Mimi je pensais à vous et je commençais à me désoler de vous avoir perdue.

MIMI.

Ah! vieux bahut!

GOUBAULT, à Paquitta (1).

Et moi donc. J'était tout contrit. (On entend la ritournelle d'un quadrille.)

CLARA.

C'est un quadrille, qui est-ce qui le danse?

TOUS.

Moi, moi. (Chacun prend une danseuse. — Fernand donne le bras à Clara. Paquitta remonte seule. — Édouard à Zoé. — Cagnard à Mimi. — Goubault reste sans femme.)

GOUBAULT, à Paquitta.

Comment vous m'abandonnez donc?

PAQUITTA.

Je compte si peu pour vous, puisque je ne suis qu'un bibelot, qu'un tonton.

GOUBAULT, à part.

Bigre, elle a entendu. (Haut.) Alors je n'aurai pas de danseuse.

SCÈNE IV

LES MÊMES, FRANCINE, EDMOND, reparaît aussi. (2).

FRANCINE.

Eh bien et moi?...

TOUS.

Ah! la voilà! la voilà!

EDMOND, à Francine.

J'étais déjà inquiet de ne pas vous voir, mais auriez-vous perdu mon oncle que nous vous voyons seule?

1. Cagnard, Mimi, Goubault, Paquita, Clara, Fernand, Zoé, Édouard.
2. Cagnard, Mimi, Goubault, Paquitta, Edmond, Francine, Clara, Fernand, Zoé, Édouard.

FRANCINE.

Ah! bien oui, perdu... rassurez-vous, je l'ai déguisé, il est superbe.

GOUBAULT.

Il a loué un costume?

FRANCINE.

Ce qu'il y avait de plus riche chez Nonon.

CAGNARD.

Toujours avec ses cinq francs.

FRANCINE.

Qu'il n'a même pas encore changés...

CLARA.

Quel bon type que ce Duhamel!

PAQUITTA.

J'en achèterais volontiers de la graine.

CLARA.

A quoi bon, c'est trop long à pousser.

FRANCINE.

Ce n'est pas tout cela; nous voilà réunis, nous sommes tous du même bord, n'est-ce pas?

TOUS.

Sans doute.

FRANCINE, à Goubault et Cagnard.

Vous n'êtes pas des traitres?

GOUBAULT ET CAGNARD.

De quoi s'agit-il?

CLARA.

De vous taire, d'écouter et d'exécuter ensuite ponctuellement les ordres que va vous donner Francine.

CAGNARD.

Mais pourquoi faire?

CLARA.

Taisez-vous donc, on n'entend que lui; Francine, nous vous écoutons.

FRANCINE.

Vous savez qu'au sortir des courses, j'avais attiré Duhamel chez moi, afin qu'il ne m'échappe pas, il a dormi, il s'est dégrisé. (A Edmond plus bas.) Et il s'est engagé par signature à payer vos dettes.

EDMOND, qui lui saisit la main.

Vous êtes mon ange sauveur.

FRANCINE.

Je ne savais plus qu'en faire; ma foi, l'idée de le perdre ici m'est venue, j'ai ramené Duhamel à la Maison-d'Or. Toujours chez Stanislas, il a avalé une marquise qui lui a rendu sa gaité... j'ai fait venir un costume, il s'est habillé dans un cabinet, et c'est Stanislas qui a répondu de la location.

GOUBAULT.

Parbleu, il nous connaît assez pour cela.

CLARA.

Et maintenant où est-il perché?

FRANCINE.

Je l'ai laissé au restaurant après l'avoir chargé d'ordonner un vrai souper pour nous tous. Je lui ai dit de se distinguer dans la composition du menu. Stanislas m'a promis de l'aider. Il va venir et j'ai dit.

CLARA.

Tu peux te vanter d'avoir de la persévérance.

FRANCINE.

C'est ici que ma tâche se termine. Ah! si vous saviez combien cet animal-là m'a agacée.

TOUS.

Nous le croyons.

FRANCINE.

Aussi, mesdames, il faudra vous charger un peu de lui cette nuit...

PAQUITTA.

Merci. (Montrant Goubault.) C'est bien assez d'endurer celui-là.

MIMI, montrant Gagnard.

Et celui-ci donc.

CLARA.

Le fait est que trimbaler deux magots d'un tel calibre depuis ce matin...

1. Mimi, Duhamel.

FERNAND.

Ah! ah! voici le patron. Malgré son faux nez, je le reconnais.

CLARA.

Remettons nos masques qu'il ne nous reconnaisse pas.

(Tous se remasquent et ont l'air de ne pas se connaître.)

SCÈNE V

LES MÊMES, DUHAMEL, en costume d'Almaviva.

DUHAMEL, entrant vivement de la gauche.

Ça y est... je me suis entendu avec Stanislas, il m'a tout de suite compris, nous aurons un souper... aux petits oignons... convenez avec moi que les choses ne sont bien que ce qu'on les fait... J'ai toujours ma pièce de cinq francs, personne ne m'a réclamé un centime.

FRANCINE, qui pendant le monologue a organisé une petite intrigue qui devra taquiner Duhamel, dit à Mimi.

Allez!...

MIMI, allant à lui (1).

Ah! qu'il est beau.

FRANCINE.

Paquitta... suivez.

PAQUITTA, révérencieuse (2).

Monsieur, je suis bien la vôtre.

FRANCINE.

A toi, Zoé...

ZOÉ, qui lui passe la main sous le menton.

Tu serais le prince charmant que tu ne le serais pas davantage... charmant.

FRANCINE.

A toi, Clara...

CLARA.

Comment se fait-il que tu sois seul ici, mon beau gentilhomme. La comtesse ignore donc tes charmes qu'elle te laisse aller libre. Si tu étais mon Almaviva à moi, je ne t'expose-

1. Mimi, Duhamel, Paquita.
2. Mimi, Zoé, Duhamel, Clara, Paquita.

rais pas ainsi aux tentations... je ne te sortirais qu'en laisse, comme les toutous de prix.

TOUS, éclatant.

Ah! ah! ah!

(Les femmes s'éloignent un peu de droite et de gauche.)

EDMOND (1).

Eh bien, cher comte.

Des rayons de l'aurore,
L'horizon se colore,

DUHAMEL, qui regarde à sa montre.

Oh! pas encore... il n'est que deux heures.

EDMOND.

Et celle que j'adore
Est loin de mes yeux.

DUHAMEL, à part.

Ce sont des farceurs; ils veulent rire, rions avec eux, ne soyons pas fier quoique comte. (Haut.) Beaux masques, je veux bien... Attendez, Stanislas m'a dit un mot qui trouverait bien sa place ici... Ah! je le tiens; je veux bien *Clodochebocher* avec vous quoique j'ignore qui vous êtes... mais à une condition.

TOUS.

Parle... parle...

CLARA.

Laquelle?

DUHAMEL.

C'est que ces messieurs me permettront de me familiariser à ma guise avec leurs dames.

FERNAND, prenant le bras de Clara.

On te connaît trop pour cela.

CLARA, qui lui passe rapidement sous les yeux.

Bonsoir, Duhamel. (Elle remonte avec Fernand.)

DUHAMEL, surpris.

Je suis reconnu.

EDMOND, revenant à Duhamel, à sa gauche.

La rue des Bourdonnais va bien! (Il s'éloigne.)

DUHAMEL.

Peste.

1. Duhamel, Edmond.

ÉDOUARD, à la droite de Duhamel.

Et votre fille Eugénie, est-ce à ce grand serin de Férouillat que vous la donnerez décidément. (Il s'éloigne.)

PAQUITTA, à la gauche de Duhamel.

Duhamel, la police a les yeux sur toi, ta femme te fait chercher... (Elle s'éloigne.)

ZOÉ, à la droite de Duhamel.

La *Patrie* de ce soir dit que tu t'es suicidé à cause d'un amour malheureux. (Elle s'éloigne.)

MIMI, à la droite de Duhamel.

Pauvre *Ville de Tours*... que va-t-elle devenir quand tu seras démasqué. (Elle s'éloigne.)

CLARA, à la gauche de Duhamel.

Quand l'opinion saura que tu libertines avec des femmes de théâtre, que tu mènes une vie de polichinelle sans songer à tes soieries, et à ta gastrite. (Elle s'éloigne.)

DUHAMEL, qui s'emporte.

Ah! en voilà assez cette fois, c'est de la vie privée que vous divulguez là et vous n'en avez pas le droit, je m'y oppose, ou bien dites-moi qui vous êtes (1).

CAGNARD, à la gauche de Duhamel.

Laure Michaud a des lettres de vous, elle veut en tirer parti.

GOUBAULT, à sa droite.

Elle ira demain les proposer à madame Duhamel.

DUHAMEL, accablé, il tombe sur un divan à gauche.

Imprudent!

FRANCINE, bas.

Maintenant, laissez-nous.

CHOEUR.

AIR :

Éloignons-nous, laissons-le là,
Il faut que son rêve
S'achève;
Mais lorsqu'il se réveillera,
La leçon lui profitera.

1. Goubault, Duhamel, Cagnard. Tous les autres groupés.

TOUS.

Ah! ah! (Ils se sauvent par le fond en riant aux éclats. Ils sortent tous excepté Clara que Francine retient.)

SCÈNE VI

DUHAMEL, FRANCINE, CLARA (1).

FRANCINE, allant à Duhamel.

Enfin, je vous retrouve.

DUHAMEL, sortant de sa rêverie.

Dieu soit loué, moi aussi je vous revois.

(Il lui embrasse la main.)

FRANCINE.

Vous aviez l'air de bien vous amuser seul, sur ce divan.

DUHAMEL.

C'est que je viens d'essuyer le feu d'une mascarade et ça m'a un peu troublé.

FRANCINE.

Vous en verrez bien d'autres.

DUHAMEL, lui pressant le bras.

J'ai commandé le souper que vous avez désiré... Mais à quoi bon des importuns ? à quoi bon d'autres couverts que le vôtre et le mien ?

FRANCINE.

Que vous êtes impatient... Écoutez-moi... tout vient à point à qui sait attendre.

DUHAMEL, qui réfléchit.

Bien...

FRANCINE.

Voulez-vous que je le confesse?

DUHAMEL.

Confessez-le... oui... ça ne me sera peut-être pas désagréable.

FRANCINE.

Je me sens sur le bord de l'abîme... un seul brin d'herbe

1. Duhamel, Francine, Clara au fond.

m'empêche d'y tomber... Duhamel, laissez-moi encore l'illusion de ce brin d'herbe.

DUHAMEL, au public.

Enfin... plus qu'un brin d'herbe... (A Francine.) C'est convenu, je saurai attendre. (1) (A part.) Je donnerais... je donnerais mes cinq francs de bon cœur pour qu'une chèvre flânat du côté de cet abîme-là... moi.

FRANCINE, à Clara.

Emmène-le, j'aperçois Julia qui se dirige de ce côté, il faut que je sois seule avec elle.

CLARA.

Que lui dirai-je ?

FRANCINE.

Ce que tu voudras, mais j'y songe, il va te reconnaître pour l'avoir intrigué tout à l'heure.

CLARA.

Ne crains rien. (Elle quitte son domino et laisse voir un autre costume.) Me voilà transformée.

FRANCINE.

Tu es ravissante; donne-moi ton domino, Julia en prendra soin. (Clara qui a quitté son domino le donne à Francine et va prendre le bras de Duhamel qui reparaît au fond, Francine s'éloigne à droite.)

CLARA (2).

Je cherche, depuis plus de deux ans, le moyen de te parler seule à seul.

DUHAMEL.

Tu me connais donc ?

CLARA.

Tu te nommes Abuffard.

DUHAMEL.

Oui... elle aussi ?

CLARA.

Tu es aimé de Francine, mais moi aussi je t'adore.

DUHAMEL.

Allons donc.

1. Francine remonte vers Clara et se cache avec elle derrière une colonne pendant que Duhamel semble la chercher dans la foule à gauche.
2. Duhamel, Clara.

CLARA.

Ton doute est une offense. Il faut que je te parle à part, viens...

DUHAMEL.

Mais...

CLARA.

Je le veux...

DUHAMEL, à part.

C'est que tout le monde me connaît ici. Après ça j'ai une si bonne maison... que ce n'est pas étonnant. (Haut.) Tâchons que Francine ne nous voie pas nous éloigner.

CLARA, qui l'attire.

Que m'importe ! sache que je suis Espagnole et que s'il le faut je te disputerai à son amour, ce poignard à la main.

(Elle éclate de rire.)

Air : *de Jean Torgnole.*

D'une semblable menace
Ne conçois aucun effroi,
Car ton cœur, fût-il de glace,
Battra bien vite pour moi,
Au bruit d'une ronde folle,
Bel amoureux
Écoute d'une Espagnole
Les doux aveux.
Tra la, la, la, la, la.

(Ils sortent à gauche après le couplet et paraissent à l'étage supérieur.)

SCÈNE VII

FRANCINE et JULIA, entrent de la droite; Julia est en domino noir et porte sur son bras deux dominos celui de sa maîtresse et celui de Clara (1). — Francine est en costume élégant, travestie.

FRANCINE.

Saisis bien ce que je vais te dire : Tu feras déposer ces

1. Il est indispensable que le domino de Clara soit d'une couleur de fantaisie, ceux de Francine et de Julia sont seuls noirs.

deux dominos dans ma loge, n° 34. Celui-ci et le mien ; nous les reprendrons au départ.

JULIA.

Je puis les porter moi-même.

FRANCINE.

Garde t'en bien, je veux que lorsque Duhamel va revenir il te prenne pour moi et qu'il nage dans cette douce erreur le plus longtemps possible ; aussi, arrange-toi, pour que je n'aie aucun reproche à te faire à ce sujet.

JULIA.

Je réponds de tout à madame. (Francine sort à gauche.)

SCÈNE VIII

JULIA, puis BOBIN (1).

JULIA.

Je crois deviner l'idée de madame, elle a assez du vieux Duhamel et elle a l'intention de me le colloquer... bien obligée de la préférence...

BOBIN, qui entre en costume de berger trumeau.

Ah ! ça, est-ce que la belle Julia m'a abandonné... c'est que... comme on dit maintenant dans le monde d'élite... ça ne serait pas à faire.

JULIA.

Ah ! voilà ce fat de Bobin, il vient à point. (A Bobin.) Vous voilà ?

BOBIN, qui se regarde.

Mon Dieu oui. (Il se tâte.) Je crois qu'en effet c'est bien moi.

JULIA.

Voulez-vous me rendre un service ?

BOBIN.

Aveuglément, oui !... Que faut-il faire ?

JULIA.

Monter ces dominos dans la loge 34 et y revêtir le noir.

1. Bobin, Julia.

BOBIN.

Le revêtir, moi?

JULIA.

Vous!

BOBIN.

Ensuite?

JULIA.

Revenir auprès de moi!... Il s'agit d'une farce à faire.

BOBIN.

J'y vole et je reviens... sur-le-champ. (Il sort à droite.)

(Julia remonte au fond à gauche.)

SCÈNE IX

JULIA, DUHAMEL, CLARA, Duhamel et Clara reparaissent de droite au fond.

CLARA.

Alors, vous me repoussez, je ne vous intéresse pas?...

DUHAMEL.

Que veux-tu, ma fille, tu m'avoues ta passion quand moi-même j'ai le cœur pris, attends, espère, un jour viendra peut-être, où moins absorbé par l'amour qui me consume, je pourrai faire quelque chose pour toi, mais pour le moment, je te le répète, je ne puis rien... rien... J'aperçois là-bas celle que j'aime (1), elle m'attend, je t'en prie, n'excite pas sa jalousie, retire-toi, tu pourrais m'amener de graves reproches.

CLARA, tristement.

Alors, adieu.

DUHAMEL.

Pourquoi adieu? au revoir... c'est-à-dire espère!

CLARA.

Ah! quel dommage! (2) (Quand Duhamel est à côté de Julia elle éclate de rire.) Ah! ah! ah! vieille bête, va!

(Elle sort par la droite.)

1. Julia, Clara, Duhamel.
2. Julia, Duhamel, Clara.

SCÈNE X

DUHAMEL et JULIA, qu'il prend pour Francine.

DUHAMEL.

Vous m'attendiez, peut-être ? (Julia fait signe que oui sans parler.) Vous ne répondez que du geste... (Julia renouvelle son affirmation.) Elle boude, il est vrai que je n'ai pas eu raison d'écouter la déclaration de l'autre, mais j'ai été implacable, je n'ai donc commis aucune faute sérieuse. Voyons, Francine, ne me boude pas, je ne le ferai plus...

SCÈNE XI

EDMOND, CLARA et FRANCINE, reparaissent au fond. DUHAMEL, JULIA, ÉDOUARD, FERNAND, CAGNARD, GOUBAULT, PAQUITTA, ZOÉ, MIMI, BOUTURE, à son poste, puis BOBIN, en domino ; DEUX AGENTS, DANSEURS, DANSEUSE, FOULE.

(A l'entrée de tous, l'orchestre donne la ritournelle d'un quadrille échevelé.)

FERNAND.

Ho ! hé !... les danseurs séducteurs et les danseuses voluptueuses, ho ! hé !

ZOÉ, à cheval sur les épaules d'Édouard.

Dégourdissez-vous les mollets, mesdames, ça va chauffer dur... ho ! hé !...

DUHAMEL.

Vive le bacchanal du carnaval.

TOUS, chantant sans musique.

Bacchanal,
Bacchanal,
C'est le refrain du Carnaval.
Bacchanal !
Bacchanal,
Viv' le bacchanal.

FRANCINE, à Edmond (1).

Il va s'en donner à cœur joie. Observons-le...

CLARA.

Il a pris Julia pour toi?

FRANCINE.

C'était dans mon plan.

(On danse à grand orchestre dans toute la profondeur du théâtre. Tout le monde chante en dansant, après la première figure. Bobin paraît en domino il vient se placer derrière Julia et lui dit: (2).

BOBIN, entrant de droite.

C'est moi.

JULIA.

Ne bougez pas.

(Quand la seconde figure du quadrille commence, comme elle dansait avec Duhamel, elle pousse Bobin à sa place et disparaît par le fond. Duhamel, entraîné en tenant Bobin dans ses bras, le presse avec force.

BOBIN, tout en dansant.

Il m'étouffe.

EDMOND, CLARA et FRANCINE.

Bravo!... Bravo!...

(On danse la pastourelle, Duhamel est si excentrique que Bouture vient lui défendre le pas qu'il danse.)

BOUTURE.

Monsieur, vous dansez à scandaliser la société la moins civilisée.

DUHAMEL.

Allez au diable.

BOUTURE.

Monsieur, vous m'insultez! je vais requérir l'autorité.

DUHAMEL.

Va t'asseoir.

1. Francine, Edmond, Clara.
2. Position du quadrille. — A gauche. Francine, Edmond, Clara, Fernand-Zoé Goubault. — A droite. Duhamel, Julia, Cagnard, Mimi, Édouard, Paquitta.

BOBIN.

A la porte le gêneur.

TOUS.

A la porte l'huissier... Bravo ! bravo ! l'Almaviva !

(Duhamel encouragé par les danseurs ne connaît plus de bornes pour sa danse on se jette sur lui ; l'orchestre continue toujours piano.)

DUHAMEL.

Lâchez-moi, je vous dis que je suis heureux.

BOBIN.

Et moi aussi, je suis heureux.

TOUS.

Bravo ! bravo !

BOUTURE, aux agents qui se sont emparés de Duhamel et Bobin. (1).

C'est sans doute des vagabonds, au poste, au poste !...

DUHAMEL, qui reconnaît Bouture.

Mon teneur de livres qui me fait arrêter...

LES DEUX AGENTS (2).

Allons, allons, au poste !

BOUTURE, qui tient le bras de Bobin.

Et vous, madame, suivez votre complice.

(Il le fait passer près de Duhamel.) (3).

DUHAMEL, à Bobin.

Chère Francine, que je suis désespéré...

BOUTURE, à Bobin.

Allons, allons ! et que ça ne traîne pas, en prison.

BOBIN, effrayé et se démasquant.

En prison, mais je n'ai rien fait de mal.

DUHAMEL, stupéfait.

Bobin ! c'était Bobin !

BOBIN, pleurant.

Ah ! vous m'avez mis dans de beaux draps...

BOUTURE, reconnaissant Bobin.

Bobin... Le garçon de magasin de cet honnête M. Duhamel!

1. Le quadrille est interrompu.
2. Francine, Edmond, Clara, Agent, Duhamel, Agent, Bouture.
3. Prancine, Edmond, Clara, Agent, Duhamel, Bobin, Agent, Bouture.

GOUBAULT, à Cagnard (1).

Dis donc, Cagnard, en allant le réclamer tout de suite nous nous ferions remarquer... Qu'en dis-tu ?

CAGNARD.

Tu as raison ; il y est, qu'il y reste.

TOUS.

Au poste !... au poste !...

(Duhamel et Bobin sont emmenés par les agents au milieu d'une bousculade générale. — Et le rideau baisse sur un motif de galop bruyant attaqué par l'orchestre.)

ACTE CINQUIÈME

LE MAGASIN DU PREMIER ACTE

SCÈNE PREMIÈRE

EDMOND, ÉDOUARD, FERNAND.

EDMOND (2).

Du zing, du zing messieurs, émoustillons-nous, réveillons-nous...

FERNAND.

Du zing... du zing... quand on a passé un samedi aussi orageux... c'est difficile !

ÉDOUARD.

Si la *Ville de Tours*, était raisonnable, elle nous laisserait la grasse matinée du dimanche pour nous reposer...

1. Goubault, Cagnard, Francine, Edmond, etc., etc.
2. Fernand et Édouard sont endormis aux comptoirs du fond, Edmond est au bureau de droite.

EDMOND (1).

Si mes projets réussissent, c'est encore une réforme que je ferai, le magasin sera régulièrement fermé les dimanches et fêtes.

FERNAND.

A la bonne heure...

ÉDOUARD.

Et tu espères toujours?...

EDMOND.

Il est probable que mon sort se décidera aujourd'hui même... Je crois avoir en main des éléments de réussite. (Il sort une petite liasse de papiers de sa poche.)

ÉDOUARD.

Sapristi! mes enfants... je crois qu'une soupe à l'oignon me ravigotterait assez bien ce matin.

FERNAND.

Et moi... qu'un bock de café noir, sans sucre, me rendrait la vigueur que je n'ai plus. (Appelant.) Bobin!... Bobin!...

EDMOND.

Il n'a pas paru ici d'aujourd'hui, mon oncle non plus.

FERNAND.

Alors, c'est qu'ils sont encore au poste.

ÉDOUARD.

Ils sont enchaînés...

EDMOND.

Espérons que non, je veux bien que mon oncle me donne sa fille et sa maison, et pour y parvenir je ne sais ce que je ne ferais pas; mais souhaiter son emprisonnement, non, non, ça me génerait pour lui et pour moi-même.

FERNAND.

Messieurs, messieurs, le voici, à nos rayons!... (Tous trois se bousculent pour retourner à leurs places respectives. Duhamel, pâle et défait, l'habit boutonné, le chapeau sur les yeux, les mains dans les poches de son pantalon, entre précipitamment. Il va droit à son bureau, tombe accablé sur son fauteuil, et dit d'une voix entrecoupée :)

1. Fernand, Edmond, Édouard.

SCÈNE II

LES MÊMES, DUHAMEL, puis BOBIN.

DUHAMEL.

Nous sortons, Bobin et moi, de chez le commissaire de police... devant lequel nous avons été traduits tous deux, sous l'inculpation de danse prohibée, dans un lieu public... j'étais accusé, d'après le procès verbal, d'avoir exécuté le pas du merlan séducteur, et de m'être livré au cancan le plus révolutionnaire. (Il se lève et vient en scène.) J'ai été escorté, moi, Abuffard Duhamel, par deux sergents de ville, depuis le poste de l'Opéra, jusqu'au commissariat du faubourg Montmartre. Bobin, qui me suivait également escorté, gémissait comme un veau, et des gamins qui nous accompagnaient, fredonnaient à mes oreilles, sur un air que nous connaissons tous : (Déclamant.)

V'la c'que c'est,
C'est bien fait,
Fallait pas qu'y aille,
Fallait pas qu'y aille.

Arrivé à l'angle d'une rue, je ne sais plus laquelle, je me sentis bousculé, c'était le public qui, voulant me voir de plus près, me barrait la circulation. Je protestai contre cette indiscrétion, moderne mais inqualifiable, je cherchai alors à me dissimuler derrière mon faux nez, mais l'autorité vit dans cette intention la coupable pensée de la railler, et avec mes dernières illusions tomba en lambeaux l'aquilin de carton derrière lequel je m'étais réfugié... enfin, j'arrivai, c'est à dire nous arrivâmes devant M. le commissaire qui, grâce à Dieu, nous relaxa, une seconde après l'interrogatoire solennel que nous venions de subir... nous prîmes un fiacre qui nous conduisit chez le costumier que Stanislas m'avait procuré, je repris mes hardes de ville, Bobin m'imita, nous revînmes... et me voilà... (Avec colère) et me voilà indigné, honteux et penaud, ne sachant où cacher... ma débauche... et ma honte!... (Il va se rasseoir dans son bureau.)

BOBIN, qui paraît au fond.

Enfin, me voilà rendu, quelle trotte! (Il tombe assis sur une chaise au fond du théâtre.)

TOUS, excepté Duhamel qui s'est endormi.

Bobin!

EDMOND, qui a été voir si son oncle ne dormait pas.

Il dort! (Bobin s'endort sur la chaise.)

FERNAND, qui le regarde.

Bobin aussi... (L'orchestre joue très piano, une figure du quadrille d'Orphée.)

BOBIN, qui rêve.

Monsieur le commissaire, les écrevisses qui dansaient avec moi, dans le cabinet n° 9, c'est Stanislas qui les a servies.

DUHAMEL, de même.

Comment, petite scélérate, tu ne veux pas me recevoir chez toi?

EDMOND, ÉDOUARD, et FERNAND, riant bas.

Ah! ah! ah!

EDMOND, qui va frapper sur l'épaule de Bobin.

Dis donc, dis donc, est-ce que nous dormons nous autres?...

BOBIN, qui s'éveille.

Hein? ah! pardon, je me croyais encore au bal (1).

EDMOND.

Veux-tu ouvrir les yeux!...

BOBIN.

Impossible, patron, j'ai le sang au cerveau, ma tête me pèse, il me semble que j'ai une citrouille sur les épaules.

EDMOND.

Que veux-tu faire?

BOBIN.

Je voudrais vous prier de me poser des sangsues...

EDMOND.

Des sangsues... mais où cela?

1. Duhamel endormi, Edmond, Fernand, Bobin, Édouard.

BOBIN, qui retombe assoupi sur sa chaise.

Derrière le Panthéon.

TOUS.

Ah! ah! ah!

FERNAND, qui lui donne une pichenette sur le nez.

Allons, du zing... réveille-toi. (Fernand et Édouard l'enlèvent de force, il va retomber sur une autre chaise près du bureau de Bouture.)

BOBIN, à lui-même.

Bon Dieu! que je suis malade... (Il s'endort de nouveau.)

EDMOND.

Il n'y a rien à en tirer... laissons-le, le patron lui parlera lui-même. (Ici seulement l'orchestre s'arrête.)

DUHAMEL, se réveillant.

Je m'étais endormi, malgré moi... (Avec énergie.) Sacrebleu! (Il quitte son habit, son chapeau et endosse une jacquette.) Et maintenant, réorganisons-nous, passons l'éponge sur ce passé néfaste, pour nous rappeler que la soierie a les yeux sur nous, et que nous sommes l'un de ses plus valeureux champions.

ÉDOUARD, à Fernand.

Regarde donc la bobine du patron, comme elle est attifée.

FERNAND.

Il ne nous parlera pas de ses principes d'ordre, de sagesse et d'économie, ce matin.

EDMOND.

Nous y gagnerons, toujours cela.

DUHAMEL.

Mettons-nous au travail. (Il ouvre un grand livre.) Il n'y a rien comme cela, pour raviver l'homme. (Dix heures sonnent.) Hein!... dix heures... déjà... mais j'y pense, l'huissier qui est venu hier chez Francine s'est peut-être déjà présenté... et si ma femme et ma fille sont de retour (ému et inquiet), ma femme a peut-être appris que j' contracté cette dette... c'est pour le coup que je serais dans un joli pétrin. Si l'on savait que je paie les dettes des reines du demi-monde, que dirait-on de moi? je serais littéralement perdu. (Il sort de son bureau.) Il faut que je sache si ma femme et ma fille sont revenues et si l'huissier s'est présenté. (Appelant.) Edmond (1)!...

EDMOND.

Mon bon oncle.

DUHAMEL, à part.

Je me sens si coupable, que je n'ose pas le regarder en face.

EDMOND, près de lui.

Que me voulez-vous, mon cher oncle?

DUHAMEL, à part.

Il m'agace avec son bon oncle, son cher oncle; sa câlinerie me met encore plus mal à mon aise. Est-on bête d'occuper ses parents, ce serait un étranger, je le flanquerais à la porte, ce matin même.

EDMOND.

Ne vous gênez pas pour vous raconter tout seul tout ce qui vous intéresse, mon excellent oncle; mais quand vous aurez fini, je suis là, j'attends que vous me disiez ce que vous voulez de moi.

DUHAMEL, à part.

Allons, un peu de volonté! (Haut.) Est-ce que ta tante et ta cousine sont de retour?

SCÈNE III

LES MÊMES, MADAME DUHAMEL, et EUGÉNIE, vêtues et chargées de bagages, comme au premie acte.

MADAME DUHAMEL, à la cantonnade.

Allons, allons, ma chère, force tes jambes, nous entrons dans le port.

EDMOND, à Duhamel.

Les voici qui arrivent, mon oncle.

DUHAMEL, bas et vivement.

Ah! je respire... (A Edmond.) C'est bien, laisse-moi. (A sa

1. Edmond, Duhamel, Fernand et Édouard, au fond.

femme et à sa fille.) Arrivez donc, je m'inquiétais déjà (1)... Vous avez fait un joli voyage... la France, est-elle belle, les pâturages, sont-ils verts?...

EUGÉNIE, qui rit.

Oh! oh! papa!

DUHAMEL.

Qu'as-tu donc?

EUGÉNIE.

Vous nous demandez si la France est belle. Nous venons de six lieues d'ici... vous parlez des pâturages verts, nous sommes en décembre, et il gèle!

DUHAMEL, à part.

Conclusion... j'ai dit deux balourdises... notez que je dors sur pied, j'aurais un lit de plumes derrière le dos, que je ronflerais comme une peau d'âne (2). (Haut.) Et toi, ma femme bien aimée, (Il embrasse madame Duhamel) que dis-tu de neuf?

MADAME DUHAMEL, sérieuse (3).

Nous allons avoir à causer.

DUHAMEL, surpris.

Hein!... est-ce qu'elle saurait?

MADAME DUHAMEL.

Eugénie, ma fille, prie ton cousin, ou Bobin, ou n'importe lequel de ces messieurs, de transporter ces bagages dans la salle à manger. (A Duhamel.) J'ai su tout ce que je voulais savoir. (Elle entre dans le petit bureau à gauche. — Pendant qu'Edmond et Eugénie sont restés à l'avant-scène de droite.)

FERNAND, à Bobin.

Allons, réveille-toi!

BOBIN, encore endormi.

Hein! c'est Pétard qui en est cause!

ÉDOUARD.

Pétard! Pétard, porte ces bagages.

1. Duhamel, Eugénie, madame Duhamel, Edmond.
2. Ici seulement, madame Duhamel qui était occupée à payer le commissionnaire porteur des bagages, descend en scène.
3. Duhamel, madame Duhamel, Eugénie, Edmond.

BOBIN.

Des bagages au chemin de fer!... plutôt la mort!

ÉDOUARD.

Mais non, imbécile, dans la salle à manger.

BOBIN, qui se lève et bâille.

Ah! que je suis malade, tout de même. (Il prend les bagages un à un, et les porte dans la pièce voisine pendant la scène qui suit.)

EDMOND.

Le temps qui s'est écoulé depuis votre départ, ma jolie cousine, m'a semblé un siècle; vous êtes-vous amusée là-bas?...

EUGÉNIE.

Non, mon cousin, le fils Férouillat que maman veut que j'épouse, m'a bien ennuyée.

EDMOND, qui lui prend la main.

Vous aime-t-il autant que moi?

EUGÉNIE.

Je ne sais pas, mais je crois que non.

EDMOND, gaiment à part.

Est-elle gentille!... (Haut.) Ah! vous avez une jolie fleur à votre ceinture, ma cousine.

EUGÉNIE.

C'est le fils Férouillat qui me l'a offerte, maman a voulu que je la conserve.

EDMOND.

Et vous y tenez?

EUGÉNIE.

Moi? non!...

EDMOND.

Voulez-vous me la donner?...

EUGÉNIE.

Oui, mon cousin (Elle lui donne sa fleur), la voilà.

EDMOND, qui l'a prise, plus bas.

Merci. (Elle baisse les yeux, il lui embrasse la main, à part.) Allons, allons, tout va bien, du zing... du zing...

MADAME DUHAMEL, qui redescend le théâtre.

Eugénie, ma fillette, va voir si le déjeuner se prépare.

EUGÉNIE.

Oui maman. (Elle sort en regardant Edmond, qui lui envoie un baiser auquel elle répond par un sourire.)

MADAME DUHAMEL, aux employés.

Messieurs, nous avons besoin, M. Duhamel et moi, de rester seuls quelques instants... Voyez, je vous prie, si les magasins sont en ordre.

EDMOND.

Oni, ma chère tante.

MADAME DUHAMEL.

A-t-il une mine de déterré celui-là... Ça ferait un joli mari pour cette pauvre enfant. (Pendant que Edmond Édouard et Fernand se retirent à gauche, devant madame Duhamel, qui les suit de l'œil, Duhamel, resté seul à l'avant-scène, dit.)

DUHAMEL.

Que peut-elle bien avoir à me dire?... je suis sur le gril. Ah! je donnerais bien cinquante centimes, pour me coucher dans un lit bien bassiné.

MADAME DUHAMEL.

Nous sommes seuls, venez ici, Duhamel. (Elle l'attire dans le petit bureau.)

DUHAMEL, à part.

C'est à peine si je puis ouvrir les yeux. Si elle me fait asseoir, adieu la conversation. (Haut.) Me voilà (1).

SCÈNE IV

DUHAMEL, MADAME DUHAMEL, dans le bureau (2), ET BOBIN, endormi.

MADAME DUHAMEL.

Asseyez-vous.

1. Sur la fin de cette scène Bobin est rentré, sans être vu, et s'est endormi sous le bureau de droite.
2. Madame Duhamel, Duhamel.

DUHAMEL, assis à part.

Voilà ce que je craignais. (Haut.) Je t'écoute.

MADAME DUHAMEL.

Suis bien ce que je vais te dire.

DUHAMEL.

Bon!

MADAME DUHAMEL.

J'ai eu avec les Férouillat une très-sérieuse et très-importante conversation.

DUHAMEL.

Ah!

MADAME DUHAMEL.

Tu sais à quel sujet?

DUHAMEL.

Je ne m'en fais aucune idée.

MADAME DUHAMEL.

Comment!... mais au sujet d'Eugénie.

DUHAMEL.

Ah! bon!... va!...

MADAME DUHAMEL.

Il a fallu s'expliquer... catégoriquement.

DUHAMEL, qui ferme déjà les yeux.

Riquement!

MADAME DUHAMEL.

Ils m'ont fait nettement pour leur fils la demande de la main d'Eugénie, ils ont besoin d'être fixés définitivement sur nos intentions, et nous leur devons une très-prompte réponse.

DUHAMEL, qui rêve.

Oui, mais si l'huissier n'est pas encore venu, il va venir!

MADAME DUHAMEL, étonnée.

Que dis-tu donc... un huissier... (Effrayée.) Duhamel... il doit venir un huissier ici...

DUHAMEL.

C'est un huissier qui... que... qui est venu me demander un renseignement sur un mauvais débiteur... continue, je t'en prie...

MADAME DUHAMEL.

Où en étais-je restée?

DUHAMEL.

Ah bigre... au fait, oui, où en est-elle restée?...

MADAME DUHAMEL.

J'y suis.

DUHAMEL, à part.

Tant mieux.

MADAME DUHAMEL.

Le fils Férouillat a des propositions pour aller s'établir à Londres.

DUHAMEL.

Qu'est-ce que çà fait ?...

MADAME DUHAMEL, se levant et venant en scène.

Dieu que tu es bête ce matin, on dirait ma parole que tu es ahuri (1).

DUHAMEL, à part.

On le serait à moins.

MADAME DUHAMEL.

Songeons donc à l'avenir de notre enfant, de notre Eugénie.

DUHAMEL, qui dort.

Chère Francine...

MADAME DUHAMEL, qui le secoue.

Tu dis...

DUHAMEL, qui se lève, s'éveille et vient à son tour en scène.

Hein... je dis chère Eugénie.

MADAME DUHAMEL.

Tu as longtemps, mais à tort, caressé l'idée de donner Eugénie à ton neveu, cette idée était absurde, Edmond, n'est pas l'homme qu'il nous faut.

DUHAMEL, qui, endormi, fredonne le quadrille d'Orphée.

Tra la la la, la la, tra la la la, la pan... pan pan.

MADAME DUHAMEL.

Tu chantes maintenant ?

DUHAMEL, se réveillant.

Mais non, je songe... je songe à tout ce que tu me dis, et je t'approuve les yeux fermés.

1. Duhamel assis, madame Duhamel.

MADAME DUHAMEL.

A la bonne heure, je ne dis pas pour cela qu'Edmond soit un garçon sans valeur aucune, mais je ne lui donnerais pas ma fille, quand il me la demanderait à genoux ; c'est un libertin, un dépensier, un jeune homme criblé de dettes, seize mille francs au moins.

DUHAMEL, endormi, tout debout.

Seize mille francs, mais qu'est-ce que cela... je les paierai... la bonne, donnez-moi de quoi écrire. (Reprenant le quadrille.) tra la la la... la la... la la...

MADAME DUHAMEL, s'emportant.

Décidément, M. Duhamel, tu as quelque chose d'extraordinaire.

DUHAMEL, réveillé en sursaut.

Hein !... ha ! c'est que... oui... je ne suis pas très-bien... j'ai la tête comme un plomb ; c'est le temps sans doute.

MADAME DUHAMEL.

Je vois ce que c'est, tu as trop dormi.

DUHAMEL, à part.

Bon...

MADAME DUHAMEL.

Tu ne prends pas d'exercice, peut-être es-tu malade... si tu te faisais saigner ?...

DUHAMEL, vivement.

J'ai été assez saigné comme ça ?

MADAME DUHAMEL.

Attends... je devine, Duhamel, c'est ta gastrite qui agit, tu as trop dîné hier, comme je n'étais pas là pour te surveiller, tu as avalé des bouchées doubles, et tu n'as pas mastiqué.

DUHAMEL.

Bon... (Il passe à droite) (1).

MADAME DUHAMEL.

Tu vas te mettre au lit et ne pas dormir, tu étoufferais dans le sommeil, on va te faire une tasse de bourrache, et je te ferai transpirer jusqu'à ce soir.

1. Madame Duhamel, Duhamel.

DUHAMEL.

Mais je n'ai pas dîné, il m'est venu un général, un seigneur, un duc russe, je ne sais quoi, moi, il m'a contrarié, et je suis à jeun depuis hier l'heure du déjeuner, comprends-tu ?

MADAME DUHAMEL.

Alors, il fallait souper.

DUHAMEL.

Bon... c'était bien mon intention, j'avais même commandé ce que je voulais manger, mais une autre circonstance... une autre contrariété... enfin je n'ai rien pris, donc je n'ai pas d'indigestion.

MADAME DUHAMEL.

Alors, c'est un simple malaise.

DUHAMEL.

Je préfère cela.

MADAME DUHAMEL.

N'y pense pas, écoute-moi... il est alors bien convenu entre nous, que le fils Férouillat sera l'époux d'Eugénie.

DUHAMEL.

Et si elle n'en voulait pas, du fils Férouillat ?

MADAME DUHAMEL.

Ce serait du propre, elle ne voit que par mes yeux, et elle aimera de tout son cœur le mari que je lui aurai choisi... (Fausse sortie.)

DUHAMEL.

Bon...

MADAME DUHAMEL (1).

Ainsi pas d'équivoque, pas de faiblesse, pas de retard, je désire, tu entends bien, Abuffard, je désire que tu préviennes Edmond immédiatement. Je vais veiller au déjeuner, mais de la salle à manger, j'aurai les yeux braqués sur toi. (Elle sort à droite, deuxième plan.)

1. Duhamel, madame Duhamel.

SCÈNE V

DUHAMEL, puis EDMOND.

DUHAMEL, s'emportant.

Croyez-vous donc que je dors encore? Eh bien! non, je ne dors plus, je suis éveillé comme une portée de souris, je voudrais grignotter quelqu'un. — Ah! m'a-t-elle assez irrité. Elle veut que je dise à Edmond qu'il peut faire sa valise et porter son amour autre part. Quelle jolie corvée, pour moi, surtout le lendemain d'une escapade aussi échevelée, et dont je crains bien d'avoir été le héros, ceci demande réflexion. — Le voici, interrogeons-le, d'abord au sujet de l'huissier que j'attends, cela m'inquiète beaucoup plus que ne m'occupe la demande en mariage des Férouillat, (A Edmond.) Te voilà, tu arrives bien.

EDMOND, venant de gauche, deuxième plan (1).

Qu'y a-t-il mon oncle?

DUHAMEL.

Sois vif, clair et bref, est-on venu, ce matin, avant que je ne sois rentré, pour toucher?

EDMOND.

Oui, mon oncle, près de dix-huit mille francs!

DUHAMEL, effrayé.

Dix-huit mille francs... et qu'as-tu dit?

EDMOND.

J'ai dit que ma tante qui tient la caisse, n'étant pas de retour de la campagne, on veuille bien repasser; à deux heures, on doit revenir.

DUHAMEL.

Je ne bougerai pas d'ici, dix-huit mille francs...

EDMOND, à part.

Ce n'est pas une tuile qui lui tombe sur la tête, c'est une cheminée.... (Haut.) C'est tout ce que vous me vouliez mon bon oncle?

1. Edmond, Duhamel.

DUHAMEL.

Non, reste, j'ai à te parler... j'ai encore quelque chose à te dire.

EDMOND.

Bien mon bon oncle, je vous écoute.

DUHAMEL, à part.

Ah ! ça qu'est-ce que j'ai pu faire pour dix-huit mille francs; je ne me souviens de rien, que du poste et du commissaire de police... et je ne crois pas qu'il faille dépenser tant d'argent pour habiter un violon... Après ça, vous me direz que tout est si cher à présent.

EDMOND.

Vous avez une nouvelle habitude bien bizarre, mon oncle chéri.

DUHAMEL.

Laquelle?

EDMOND.

Vous vous parlez tout bas, c'est assez...

DUHAMEL.

Ne cherche pas le mot, je le connais, et prête-moi une oreille intelligente, sache mon garçon que ta tante et moi, nous venons de réfléchir... et nous ne croyons pas pouvoir donner suite au projet que nous avions formé... relativement à...

EDMOND.

A quoi?... mon oncle adoré?...

DUHAMEL.

A la cession de notre maison à ton profit et à ton mariage avec Eugénie.

EDMOND.

Comment, après les promesses formelles qui m'ont été faites...

DUHAMEL, à lui-même.

Que je suis bête... sur ces dix-huit mille francs, il y a déjà l'huissier de Francine pour... pour plus de seize mille francs, si je me rappelle bien.

EDMOND.

Vous n'y pensez pas, mon oncle, il est impossible que je me résigne à une telle décision... et ne m'avez-vous pas donné votre parole ?

DUHAMEL.

Je ne dis pas non, mais de ton côté, tu n'as pas tenu la tienne, tu as de dettes... et ta tante, tu le sais...

EDMOND, avec fierté.

Monsieur mon oncle, sachez à votre tour que d'abord, je n'ai plus de dettes... et d'une.

DUHAMEL, bonhomme.

Tu dis cela, mais tu n'es pas raisonnable, ce ne sont pourtant pas les bons exemples qui t'ont manqué ici... je t'ai assez prêché, moralisé.

EDMOND.

Mon oncle, vous êtes capable de tout!...

DUHAMEL.

Hein?...

EDMOND.

Le fait est qu'hier encore, vous avez donné le bon exemple à tout votre personnel... c'était du gentil.

DUHAMEL, à part.

V'lan. (Haut.) Je ne sais pas ce que tu veux dire... tu n'as peut-être pas toute ta raison à toi.

EDMOND.

Alors, c'est résolu, il faut que je renonce à?...

DUHAMEL.

Oh! mon Dieu, complétement.

EDMOND.

C'est votre dernier mot?

DUHAMEL.

Oui, ça me fait beaucoup de peine mais, c'est comme ça...

EDMOND.

Permettez-moi donc alors de quitter votre maison. (Il remonte.)

DUHAMEL.

Quitter la maison !... mais je ne te renvoie pas...

EDMOND.

Ma place n'est plus ici, mais avant de partir, il faut que j'aille prendre congé de ma tante, et lui remettre cette petite liasse de comptes (1).

DUHAMEL.

Qu'est-ce que c'est que tout ça ?

EDMOND, plus bas.

Ce sont les petits comptes, dont vous me parliez à l'instant.

DUHAMEL.

Quoi, ce sont les notes de...

EDMOND.

Voyez le total.

DUHAMEL.

Bigre de bigre !

EDMOND.

Voyez votre acceptation et votre signature.

DUHAMEL, atterer.

C'est vrai !

EDMOND, qui commence à lire.

Doit : M. Abuffard Duhamel, les déjeuners de la Maison-d'Or, cabinet Francine et cabinet des goïnfres.

Paris perdus aux courses de La Marche, champagne, lorgnettes, madère, voitures.

Mademoiselle Francine à divers créanciers 16,000 francs.

Un souper de dix couverts.

Gants, voiles, costumes, pour lui et son domestique... etc. Vous voyez, mon bon oncle, ça monte à 18,000 francs.

DUHAMEL.

Mais comment ces papiers sont-il en ta possession ?

EDMOND.

Ceux qui sont venus pour toucher ont une confiance illimitée en moi... ils m'ont chargé de recevoir pour eux... et je vais près de ma tante afin de... (Il remonte.)

1. Duhamel, Edmond, se dirigeant à droite.

DUHAMEL.

Edmond, si la tête respectable de ton bon oncle, c'est ainsi que tu me qualifies n'est-ce pas?... si la tête respectable de ton bon oncle, t'offre quelqu'intérêt, tu ne porteras pas ce compte à ma femme, j'ai des fonds pour te payer.

EDMOND.

Mon oncle aimé, je ne suis pas obligé de vous être agréable, et je vais...

DUHAMEL, à part.

Il me tient, l'animal. (Haut.) Arrête !

EDMOND.

Il y aurait peut-être un moyen d'arranger les affaires.

DUHAMEL, empressé.

Parle.

EDMOND.

Donnez-moi la *Ville de Tours* et ma cousine, et je vous donne cette liasse de précieux documents.

DUHAMEL.

Assez...

EDMOND.

Est-ce dit?

SCÈNE VI

LES MÊMES, EUGÉNIE, puis MADAME DUHAMEL.

EUGÉNIE (1).

Papa, le déjeuner est servi.

EDMOND.

Que décidez-vous?

DUHAMEL, bas.

Ce que tu me fais là, ne te portera pas bonheur.

1. Eugénie, Duhamel, Edmond.

EDMOND.

Est-ce oui?... dans une seconde, il sera trop tard.

DUHAMEL, avec une colère contenue.

Tu me feras mourir à petit feu.

EDMOND.

Allons donc... et Francine...

DUHAMEL.

Veux-tu bien te taire... (A Eugénie.) Ma petite caille, dis à ta vertueuse mère qu'elle veuille bien venir me parler ici sur-le-champ.

EUGÉNIE.

Oui, papa. (Elle sort.)

DUHAMEL, au public.

Ah! je m'amuse pour mes cinq francs!... et ce n'est pas fini...

EDMOND, à part.

Voici l'heure solennelle où mon sort va se décider (1).

EUGÉNIE, qui rentre.

Voilà maman, papa.

MADAME DUHAMEL.

Qu'est-ce qu'il y a, mon ami?

DUHAMEL, à part.

Du tact, ou je suis déshonoré. (Haut.) Scholastique, je viens de faire part à mon neveu de notre décision.

MADAME DUHAMEL.

Eh bien!

DUHAMEL.

Il ne veut pas entendre de cette oreille-là.

MADAME DUHAMEL.

De laquelle veut-il donc se servir?

DUHAMEL.

De la tienne.

1. Eugénie, madame Duhamel, Duhamel, Edmond.

MADAME DUHAMEL, s'emportant.

Si c'est pour une semblable vétille que vous m'avez fait appeler, je vous déclare que ne trouvant pas le moment choisi pour disserter sur les susceptibilités de M. Edmond, je me retire... on n'a pas idée de votre faiblesse. (Elle remonte un peu.)

DUHAMEL.

Ah! si tu t'allumes, si tu t'enflammes, si tu éclates, que veux-tu que nous décidions, que diable, écoute d'abord et tu mugiras ensuite.

MADAME DUHAMEL, nerveuse.

Ma résolution est irrévocable, je veux un Férouillat pour gendre, et j'aurai un Férouillat!

DUHAMEL, à son neveu.

Tu l'entends. (Plus câlin.) J'ai fait tout ce que j'ai pu, du moins je le crois, tu ne peux donc pas me faire subir les ricochets de la décision de ta tante.

EDMOND.

Vous avez raison, mon oncle, et je n'insiste plus... (Il tire les papiers de sa poche et les agite sans affectation.)

DUHAMEL.

Bigre!... (A Edmond.) Veux-tu cacher ça...

MADAME DUHAMEL.

Si vous n'étiez pas une poule mouillée... vous m'auriez évité une sortie que je regrette déjà... (A Edmond.) Edmond, je ne veux pas de vous pour gendre, mais vous m'êtes très-sympathique, comme neveu.

EDMOND, bas.

Décidez-la... ou je parle... (Il sort les papiers de sa poche.)

EDMOND, bas.

Mais cache donc ça... (Haut.) Je veux développer une appréciation.

MADAME DUHAMEL.

Développez...

DUHAMEL.

Eugénie, ce que j'ai à dire, me force à te prier de regarder à la porte du magasin, si tu ne me vois pas venir.

EUGÉNIE.

Oui, papa. (Flle remonte et va regarder au dehors.)

DUHAMEL, qui a pris sa femme sous son bras (1).

Voyons ce que tu as à reprocher à ce bon garçon? d'avoir mené la vie avec orage et tremblement de terre, n'est-ce pas?... Mais tant mieux, ma chérie, le mari n'est charmant dans son ménage, que tout autant qu'il s'est préalablement rassasié de tous les plaisirs et de toutes les passions... vois moi, rien ne me fait ; rien ne me tente, quand je t'ai embrassée au front, j'ai ma part, je n'en demande pas plus... aussi, quel bon mari je suis!

EDMOND, bas à son oncle.

Vous avez de bien belles phrases dans vos discours, mon oncle.

DUHAMEL, à part.

Ah! Fiche-moi la paix, toi. (Haut.) Scholastique, es-tu ébranlée?

MADAME DUHAMEL.

Pas encore!...

DUHAMEL.

Ça va venir... (A Eugénie.) Ma fille...

EUGÉNIE, du fond.

Papa.

DUHAMEL.

Eh bien, me vois-tu venir?

EUGÉNIE.

Non papa, pas encore.

DUHAMEL.

C'est qu'alors j'aurai été retenu en route. Viens par ici, ma fille, tout ce qui me reste à dire à ta mère et à ton cousin, peut être entendu de ta chasteté (2), dis-moi, ma petite

1. Madame Duhamel, Duhamel. Eugénie, au fond, Edmond.
2. Eugénie, Madame Duhamel, Dahamel, Edmond.

bête à bon Dieu, si je te donnais Edmond pour époux, serais-tu bien contente?

EUGÉNIE, joyeuse.

Oh! oui, papa...

DUHAMEL.

Et si je te donnais le fils Férouillat?

EUGÉNIE.

Je lui bouderais continuellement.

DUHAMEL, à sa femme.

Que dis-tu de sa préférence?

MADAME DUHAMEL.

Est-ce quelle sait ce que c'est qu'un mari!...

DUHAMEL.

Il ne faudrait plus que cela, qu'elle le sût avant d'être mariée... Voyons, Scholastique... (Plus bas et sur le devant de la scène.) Souviens-toi que nous avons été jeunes, et que si quelqu'un avait osé contrarier notre inclination...

MADAME DUHAMEL, de même.

Abuffard, taisez-vous!...

DUHAMEL, de même.

Quels yeux tu as... dis donc, est-ce qu'il y aurait encore quelques étincelles sous les cendres?

MADAME DUHAMEL.

Votre fille nous observe.

DUHAMEL.

Allons, laisse-toi aller, regarde, comme ils ont l'air de se plaire, et puis Edmond est le fils de mon frère... que diable.

MADAME DUHAMEL.

Edmond.

DUHAMEL, bas à Edmond.

Ça y est!

EDMOND, allant à sa tante.

Ma tante! (1).

1. Eugénie, madame Duhamel, Edmond, Duhamel.

MADAME DUHAMEL.

Mon plus grand grief contre vous, ce sont vos dettes.

EDMOND.

Mais...

DUHAMEL.

Laisse-la donc dire, parle, ma chère femme, parle.

MADAME DUHAMEL.

Si vous ne deviez plus rien, je serais peut-être moins résolue.

EDMOND.

Ma tante, je...

DUHAMEL.

Mais laisse-la donc parler.

MADAME DUHAMEL.

Il n'est ni sensé ni moral qu'un homme paye ses dettes de garçon avec la dot de sa femme, je dirai plus c'est mal séant

EDMOND.

Je...

MADAME DUHAMEL.

Je... quoi ?... parlez...

DUHAMEL, à Edmond.

Parle donc, elle te fait des observations, et tu ne réponds pas, réponds donc !

EDMOND.

Je n'ai plus de dettes, ma tante, puisque mon oncle m'a promis de les payer.

MADAME DUHAMEL, à son mari.

Vous ?

DUHAMEL, à Edmond.

Moi ?

EDMOND.

Oui, mon oncle, vous.

DUHAMEL.

Je n'ai jamais dit un mot de cela.

EDMOND, qui ressort la liasse de papiers de sa poche.

Mon oncle n'a plus la mémoire des promesses, voici les notes de...

DUHAMEL, qui saute sur les notes sans les atteindre.

C'est convenu, je paie. (Il passe.) (1).

MADAME DUHAMEL.

Et pourquoi payez-vous ?

DUHAMEL.

Parce que... parce que je l'aime ce garçon, qu'il aime ma fille, et qu'il en est aimé.

EUGÉNIE.

Maman, il n'a plus de dettes !

MADAME DUHAMEL, à Duhamel.

Vous avez une volonté de pâte de guimauve!... Edmond, faites-moi voir le total de votre passif ?

DUHAMEL, à Edmond.

Ne fais rien voir. (A sa femme.) Tu ne dois pas connaître ces dépenses-là. Entre hommes, c'est bon, mais une honnête femme et une demoiselle ne doivent jamais plonger l'œil dans un tel dédale. (Bas à Edmond.) Donne-moi ces notes.

EDMOND, de même.

Devant monsieur le maire.

DUHAMEL.

Gredin ! tout le portrait de son oncle.

MADAME DUHAMEL.

Puisqu'il le faut, mon neveu, je me rends... voici ma fille.

EUGÉNIE, qui lui saute au cou.

Merci, petite mère! (A Duhamel.) Merci, petit père (2).

MADAME DUHAMEL.

Rendez-la bien heureuse. (Ici on entend des ronflements très-accusés.)

DUHAMEL.

Qu'est-ce que cela ? qu'est-ce qui ronfle donc comme ça ?

EDMOND.

Le poële qui flambe sans doute. (Il va regarder au bureau et en retire Bobin tout endormi.) Veux-tu bien te taire ?

1. Eugénie, madame Duhamel, Duhamel, Edmond.
2. Madame Duhamel, Eugénie, Edmond, Duhamel.

BOBIN, qui s'éveille.

Lâchez-moi, lâchez-moi, je suis innocent et le patron aussi (1).

DUHAMEL.

Veux-tu te taire ?

BOBIN, bas.

La tête sur le billot, patron. (Ici Édouard et Fernand reparaissent, Edmond, remonte près d'eux.)

SCÈNE VII

DUHAMEL, MADAME DUHAMEL, EDMOND, BOBIN, EUGÉNIE, ÉDOUARD et FERNAND.

MADAME DUHAMEL, à Bobin.

Vous n'avez donc pas dormi non plus, vous?

BOBIN.

Patronne, la tête sur le billot!

TOUS.

Il est idiot.

DUHAMEL, bas.

Je t'augmente encore de 24 francs par an. (A part.) Je le placerai chez un confrère, le mois prochain, il abuserait de ma confiance forcée.

BOBIN, qui lui frappe sur le ventre sans qu'on s'en aperçoive.

Merci, ma vieille! (Musique.)

DUHAMEL.

Veux-tu te taire... s'il continue, il me tutoiera avant deux jours. (A Édouard et à Fernand.) Messieurs, je vous annonce comme étant décidé et pour une époque très-prochaine, que mon neveu deviendra mon gendre et mon successeur... c'est officiel.

ÉDOUARD et FERNAND, à Edmond, en lui serrant les mains.

Je te félicite. (Ils parlent bas à madame Duhamel et à Eugénie (2).

1. Madame Duhamel, Eugénie, Duhamel, Edmond, Bobin.
2. Madame Duhamel, Eugénie, Fernand, Édouard, Bobin au deuxième plan, à l'avant-scène de droite, Duhamel, Edmond.

DUHAMEL, à Edmond.

Une vie nouvelle va s'ouvrir pour toi, songe à mes conseils, à mes recommandations ; savoir avant tout rester maître de soi, et puis, tu sais, mon système... tu vois la pièce de cinq francs d'hier, je ne l'ai même pas encore dépensée.

EDMOND, bas à Duhamel.

Vive Francine ! mon oncle !

DUHAMEL, plus bas.

Oh ! oui !!! Vive Francine. (Haut.) Allons déjeuner.

FIN.

POISSY. — IMPRIMERIE DE AUG. BOURET.

www.ingramcontent.com/pod-product-compliance
Ingram Content Group UK Ltd.
Pitfield, Milton Keynes, MK11 3LW, UK
UKHW012041240726
13965UKWH00003B/953

9 782013 072649